HIPNOSIS Y PNL

Título: **HIPNOSIS Y PNL. Herramienta de cambio y amplificación de recursos**

Autor: **Horacio Ruiz Iglesias**

Editorial TintaMala

ISBN: 978-84-16030-13-2

HIPNOSIS Y PNL

Herramienta de cambio y amplificación de recursos

Los modelos terapéuticos de hipnosis y PNL explorados en este libro te enseñan cómo aliviar traumas, generar sentimientos y pensamientos más asertivos, cambiar hábitos mantenidos durante años, resolver conflictos internos y construir nuevas creencias y todo ello con relativa rapidez, la que sea menester para lograr lo mejor para ti y tu proyecto de realización personal o profesional.

En estado de trance hipnótico, con la mente más concentrada y con más actividad de los funcionalismos del cerebro derecho, se tiene una mayor capacidad de percepción, una visión conceptual más holística e intuitiva. Se resuelven los problemas con más rapidez y eficacia.

Este supuesto teórico debe ser comprobado experiencialmente por cada uno de nosotros/as y así no caer en debates que solo llevan a perder tiempo. Esto no se discute, se experimenta.

Para eso he escrito este libro.

Anímate a comprobarlo.

Dedicatoria

Bien está lo que bien acaba

Una meta, un objetivo, algo sencillo, no tiene que ser a ojos de los demás trascendental o grandioso... sin embargo para ti sí.

En lo cotidiano, en la rutina diaria, en lo que hacemos diariamente es donde damos la medida de nosotros/as mismos/as, de nuestra capacidad para desplegar las cualidades verdaderamente humanas: amor, tolerancia, capacidad de empatizar y saber ponerse en lugar del otro/a, sobre todo de 'ese otro/a' que es con el que convivimos.

Si no damos la medida de nosotros/as mismos/as en ese estar y comportarse diario, ¿dónde la vamos a dar? Busca tu sueño dentro de ti, encuentra el sentido de tu vida en cada aliento que das y en cada latido de tu corazón, aprende a mirar y acariciar a quien amas, nunca sabes el tiempo que permanecerá contigo, o tú con él o con ella.

El tiempo pasa muy deprisa, si eres joven esto no lo comprendes en conciencia todavía, pero te aseguro que algún día serás consciente de ello. Has venido al mundo y no sabes quién, ni por qué algo o alguien te puso aquí... Llámale Dios, naturaleza...

Busca el significado de tu existencia y de por qué respiras, regresa a tu origen, papá y mamá... tal vez sí, tal vez no, quizá ellos eran conscientes de que iban a traer un ser al mundo... O quizá no pensaban en ello y así viniste tú a la existencia; realmente ellos en todo caso crearon tu cuerpo, que quedó así constituido en el vaso sagrado de la vida que se manifiesta a través de él.

Y esa vida, ¿qué estás haciendo con ella, qué estás haciendo a través de ella?

Si esto que lees aquí significa algo para ti, si te provoca alguna emoción o sentimiento o simplemente resuena ese eco de algo más allá del cuerpo y del cerebro, dentro, muy dentro de ti...
Si sientes que te falta algo y que hay algo en ti que no terminas de entender racionalmente, si sientes que te falta ese algo, que no terminas de vivir la vida, tu vida con plenitud, si no has

aprendido a vivir todavía el presente y dentro de tu alma se agitan tormentas y grandes terremotos que te van a derribar y sumergir en la desolación de un momento a otro… si crees que 'Vocatus atque non vocatus Deus aderit', y una vida inútil de significado equivale a una muerte prematura… Si crees finalmente que cada uno de nosotros/as puede convertirse en arquitecto de su propia mente, entonces sí, **este libro va dedicado a ti.**

Gracias por estar aquí y ahora, estés donde estés y con quien estés, solo/a o acompañado/a… y si me conoces y has compartido conmigo tiempo, conocimiento, un chiste, una broma o una emoción que yo te haya ayudado a darle el mejor camino interior posible, pues doblemente gracias. Seguramente que te he ayudado. Pero también doblemente seguro que me has ayudado a mí a sanar también mi parte perdida y desolada.

Gracias, porque nada es hasta que ha sido.

INTRODUCCIÓN

Este es un libro singular porque es eminentemente práctico.

Toda la teoría que a partir de aquí vas a leer viene acompañada por ejercicios de elevado contenido terapéutico.

Por lo tanto, si buscas métodos de autoconocimiento y autoayuda, encontrarás unas herramientas excelentes para el logro de tu objetivo, ya que están pensadas para liberarte de tus conflictos y activar tus recursos o potencialidades psicológicas.

Estimado lector/a: si eres un clínico, médico, psiquiatra, psicólogo o terapeuta, sabrás sacar el mejor partido a estas lecciones magistrales de hipnosis terapéutica en el objetivo de ayudar a tus pacientes.

Otra particularidad de este libro es que se sostiene sobre las más importantes teorías respecto a la hipnosis y al trance hipnótico en general.

Por lo tanto, los paladares académicos más exigentes en el mundo de las psicoterapias estarán satisfechos, ya que encontraran explicaciones científicas al uso, explicaciones sostenidas por la mayoría de los clínicos que investigan la hipnosis.

Pero también quiero dejar claro que hay ocasiones en las que no tengo ningún miedo en salirme de los caminos trillados dogmáticamente por la psicología oficial. En esta obra podrás encontrar, por tanto, críticas argumentadas referidas a muchos tópicos y aspectos rechazados por la psicología académica oficial.

He escrito este libro desde mi experiencia personal y profesional durante más de tres décadas en este campo de la hipnoterapia, que me ha llevado a plantear mi tarea y mi docencia desde una visión transpersonal del psiquismo. Dicho de otro modo, aseguro que las personas somos seres bio–psico–socio–espirituales.

Para terminar esta introducción, estimado lector/a, también quiero contarte que no acepto los dogmas inamovibles ni los supuestos teóricos impuestos forzosamente desde el academicismo oficial. Con esta misma actitud te animo a que leas este libro y pruebes sus ejercicios.

CONOCIENDO LA HIPNOSIS

La hipnosis es la gran desconocida y los profesionales que investigan la psique, la mente, deberían preguntarse: ¿Qué es la hipnosis?

Explicada de manera técnica, se suele definir como un estado no ordinario de la conciencia de elevada sugestionabilidad, a través del cual se accede a los recursos y potencialidades inherentes a la mente humana que se encuentran en sus niveles inconscientes.

Una definición muy acertada y que particularmente me gusta es la que daba el Dr. William S. Kroger:

"El significado de las palabras (semántica) influye de una manera afectiva sobre el estado y actividad de estructuras corticales y subcorticales, provocando actividades emocionales que pueden ser benéficas o nocivas para el organismo".

Esto, de la manera aducida por Pavlov, resulta especialmente adecuado para la interpretación de la base sobre la cual se producen las respuestas hipnóticas.

La hipnosis es un estado alterado de la conciencia positivo. También se le denomina estado de trance, del latín 'transire' (transitar, pasar de un estado a otro...).

Es también la hipnosis un optimizador de recursos y un amplificador de potencialidades. Y, por tanto, si con la hipnosis podemos optimizar nuestros recursos y amplificar nuestras potencialidades, está claro que vivimos, en general, por debajo de nuestras capacidades cognitivas, emocionales y psicológicas. No vivimos en función del verdadero potencial de nuestra mente.

Es la hipnosis, sin duda, una excelente herramienta terapéutica para tratar los problemas que afectan a la psique humana y que merman considerablemente nuestra calidad de vida.

Uno de los objetivos de este libro es dar a conocer esta herramienta, que soluciona o mejora considerablemente gran cantidad de afecciones como miedos, fobias, traumas, bloqueos o depresiones, así como males crónicos entre los que se podrían citar colitis, espasmos musculares, fibromialgias o úlceras. A todo esto cabría sumar su uso para la modificación de hábitos negativos como la dependencia del alcohol y el tabaco, o los trastornos alimenticios.

Este particular estado de conciencia llamado hipnosis permite utilizar mejor las capacidades de cada cual para el estudio, la actividad física y la creatividad, así como aumentar la seguridad y la autoestima, elevando el nivel de confianza en uno mismo.

Hipnosis y medicina

Está fuera de toda discusión el uso terapéutico de la hipnosis en las enfermedades físicas. Es excelente como paliativa del dolor y en la mejoría de la calidad de vida de los enfermos. Para ello, entre otros, podemos ver con detalle las investigaciones y prácticas realizadas por los oncólogos americanos Bernie Siegel, Gren y Carl Simonton.

La eficacia y eficiencia de la hipnosis

En efecto, diferentes estudios de meta–análisis (Smith, Sapirstein, Kirsch, etcétera) demuestran que toda psicoterapia (psicodinámica, cognitivo–conductual, sistémica...) mejora su eficacia cuando se realiza en un contexto hipnótico.

Eficacia significa, en este contexto, que la hipnosis se adapta y complementa con cualquier forma o sistema terapéutico, ya sea psicoanálisis, cognitivo, conductual, sistémico, estructural, humanista, psiquiatría y cualquier otra forma de psicoterapia; por supuesto, también combinada con PNL.

Por su parte, eficiencia quiere decir aquí que la terapia resulta más breve, que precisa menos sesiones y menos gasto económico por parte del cliente o paciente.

Esto debería ser motivo suficiente para que cualquier psicoterapeuta aprendiera las técnicas hipnóticas para aplicarlas, siempre que se pueda, antes de realizar el proceso terapéutico en sí mismo.

"La mente se vuelve más idónea a la solución de conflictos y adquisición de recursos y potencialidades".

Lamentablemente, por los miedos y prejuicios que todavía existen a niveles académicos, muchos profesionales miran con recelo o subestiman esta técnica. Pero estoy seguro de poder afirmar que nunca defrauda a quien la practica con regularidad y seriedad científica.

¿QUÉ ES LA HIPNOTERAPIA?

Esta pregunta tiene múltiples respuestas, según el enfoque que se quiera dar a la respuesta. La hipnosis y su aplicación en terapia es un campo amplísimo, fruto de numerosas investigaciones, en el que algunos llevamos media vida investigando y practicando.

La Hipnoterapia es una ciencia y arte que combina la hipnosis con técnicas adecuadas para lograr la liberación y transformación de emociones y cambios en conductas, síntomas y emociones que afectan negativamente algunas áreas de nuestro comportamiento.

La hipnosis, en su definición profesional, es un estado alterado de conciencia (trance) por el que, de hecho y sin darnos cuenta, pasamos varias veces al día. Algunos consideran a la hipnosis un estado de meditación conducida o guiada, en este caso por un profesional de la hipnosis.

Realmente es un estado de concentración donde hay una alteración de la conciencia. Durante el estado hipnótico existe lo que llamamos la focalización de la atención. La atención, concentración y enfoque de nuestros sentidos se orienta hacia nosotros/as mismos/as, en vez de hacerlo hacia afuera.

Se responde perfectamente también a estímulos que provienen de nuestro interior. Por lo general, cualquier proceso terapéutico en estado de trance hipnótico aumenta su eficacia, es más rápido en el tiempo de terapia y sus costes son menores.

Aunque no todo el mundo necesariamente puede servirse del trance hipnótico. La idiosincrasia particular es fundamental para entrar en trance conforme a los distintos grados de sugestionabilidad. Nos movemos en el mundo de las creencias: somos lo que pensamos.

La hipnosis es la llave para entrar en el inconsciente.

No es cierto que la hipnosis es como un sueño, como demuestran las abundantes experiencias de trance cotidianas en estado de vigilia.

Además, tampoco es cierto eso de que nuestro inconsciente nos protege completamente porque, si de verdad el inconsciente fuera tan omnipotente, no habría problemas ni personas necesitadas de terapia. Ciertamente, los procesos inconscientes son muy poderosos, pero si vamos a hacer el mejor uso de ellos, entonces necesitamos ir más allá de muchas ideas limitantes y potencialmente peligrosas que penetran este campo de conocimiento. En el inconsciente reside potencialmente la sabiduría y la intuición: es más práctico y tiene más utilidad considerar el inconsciente como algo que se está desarrollando a través del aprendizaje y de los hábitos. Claramente podemos aprender malos hábitos y el inconsciente puede también cometer errores. Puede ser muy importante usar la hipnosis y trabajar con el procesamiento consciente e inconsciente a la hora de realizar un cambio profundo y duradero (ver John McWhirter).

Apuntes de historia

El uso de procedimientos similares a la hipnosis para cambiar el comportamiento se vislumbra desde la más remota antigüedad y existe evidencia de su uso en el antiguo Egipto, en la Grecia clásica o en la antigua China.

El comienzo de la evolución del concepto moderno de hipnosis habría que situarlo en Mesmer, un médico vienés del siglo XVIII y padre del magnetismo animal, quien creía que los trances hipnóticos que observaba en sus pacientes eran debidos al magnetismo irradiado por su persona. Entonces no se usaba la palabra hipnosis y Mesmer había descubierto, sin saberlo, el poder de la sugestión.

En el siglo XIX, la hipnosis sería vista por Charcot (maestro de Freud) como un producto de la enfermedad mental que él llamaba histeria.

Posteriormente, la hipnosis sería utilizada por Freud para recuperar experiencias traumáticas, aunque la abandonaría más tarde ya que tenía problemas con los métodos (se dice que era un mal hipnotizador).

Existe la creencia generalizada de que la hipnosis es algo así como un estado especial de consciencia, diferente al sueño o la vigilia, en el que la persona pierde su voluntad convirtiéndose en una especie de marioneta. Esto es falso y nada más lejos de la realidad. Ciertamente, la hipnosis se define como una técnica de focalización de la atención, estrechamiento atencional o selectivo, demostrado en la práctica.

ESE PARTICULAR ORDENADOR-CEREBRO

Pensemos a modo de metáfora, que nuestro cerebro es como un moderno ordenador.

Seguimos imaginando que, de igual manera que un ordenador tiene un disco duro donde almacena toda la información que alguien ha ido grabando, nuestro cerebro tiene también almacenadas, a nivel de mente inconsciente, todas las experiencias (buenas, malas o regulares) que nosotros/as, la vida o la familia, la educación, etcétera hemos ido igualmente registrando.

Ahora bien, ¿qué ocurre cuando alguien aprieta una determinada tecla y pone en marcha el ordenador? Lógicamente aparece en la pantalla aquello que previamente se ha grabado en nuestro ordenador, al margen de que lo hayamos grabado nosotros/as o haya sido un mensaje llegado de forma ajena.

Me refiero a programas para el cerebro.

Se toman como modelo del cerebro los sistemas que hacen funcionar a un ordenador. En los últimos años, el ordenador ha centrado la atención de los investigadores en el campo de la psicología y la neurociencia.

El ordenador tiene un disco duro con todos sus programas. Estos pueden ser útiles o inútiles. Buenos o malos, algunos son simplemente estúpidos y otros pura basura. Eso es lo mismo que contiene el disco duro de nuestra mente: podemos llamarle mente inconsciente o subconsciente.

La conocida como memoria celular contiene todos los programas que nos han inculcado desde la más tierna infancia: todo lo escuchado, aprendido, experimentado, leído, sentido, etcétera, toda esa programación de hábitos y patrones mentales, emocionales y físicos que tenemos y a través de los cuales nos relacionamos y nos vivimos a nosotros/as mismos/as. Todo eso está grabado en el disco duro de nuestro cerebro; la parte inconsciente.

A través de las páginas del presente libro iré explorando diferentes técnicas de hipnosis y formas de realizar cambios en hábitos y conductas con modelados de Programación Neuro–Lingüística, conocida por sus siglas, PNL.

Adopto, por tanto, una actitud de compromiso con nuestro desarrollo interior y nuestro propósito de ayudar a los demás en el proceso terapéutico. Hay dos aspectos fundamentales en este libro:

Explorar y practicar modelos y técnicas para el desarrollo personal. Autoayuda (autoconocimiento)

Formación teórico–practica en modelos y técnicas para el desarrollo profesional del clínico (ayuda a los demás)

"Nadie puede acompañar a alguien por algún camino que no haya transitado él primero".

Quiero recordar aquí también las palabras de Assagioli:

"Creo que la mayoría de las discusiones sobre la identidad se han extraviado porque los psicólogos académicos no se toman la molestia de experimentar de modo adecuado. Hacen pasar ratas por laberintos pero no acuden al laboratorio interior y examinan su propia experiencia de la voluntad. Podría compararlos, con algo de irreverencia, a los teólogos que no quisieron mirar a través del telescopio de Galileo porque temían que se desmoronase su visión del mundo. Descuidaron la introspección, que es el mejor laboratorio que tiene un psicólogo".

Volviendo con la programación mental, si el cerebro es comparable a un ordenador, nuestros pensamientos y acciones equivalen a sus programas. El experto puede formatear el disco duro del ordenador y cambiar su contenido con nuevos programas.

¿Cómo funciona el cerebro y sus funcionalismos mentales en relación a la hipnosis?

Cuando la persona está en trance hipnótico, con una mayor emisión de ondas Alpha y Theta (ver estudios de Resonancia Magnética Funcional de la doctora Crawford), con plena conciencia aprendemos a emplear su poderosa energía o potencial para hacer una impresión más fuerte en las células cerebrales. Y de esta manera se puede recoger más información puesto que ha sido fuertemente grabada.

Esto significa que en estado de hipnosis, una vez que la corteza cerebral ha sido inhibida y el pensamiento apaciguado, la información (relacionada con el hipocampo) se graba más fuertemente y, tiempo después, la evocación de todo lo aprendido se realiza más fácilmente.

Se puede entrenar a una persona (o grupo de personas) para que desarrollen sus capacidades, las cuales se potencian cuando el sujeto aprende a funcionar en esas ondas Alpha y Theta.

En estado normal o de vigilia, se hace que una persona piense sobre algún problema y trate de solucionarlo. Luego, al llevarlo a un estado de trance (hipnosis) y realizar el mismo psicoanálisis, veremos que puede resolverlo con relativa facilidad. Cuando hay mayor emisión de ondas Alpha y Theta se está más polarizado en el hemisferio cerebral derecho, soporte anatomofisiológico del inconsciente: un cerebro más intuitivo, emocional, aleatorio, artístico, creativo, musical, simultáneo, sin limitación de tiempo, femenino, Yin.

En estado de trance, con la mente más concentrada y con mayor actividad de los funcionalismos del cerebro derecho, se tiene una mayor capacidad de percepción, una visión conceptual más holística e intuitiva. Se resuelve el problema con más rapidez y eficacia.

Este supuesto teórico debe ser comprobado por cada uno de nosotros/as y así no caer en debates que solo llevan a perder tiempo. Esto no se discute, se experimenta.

Respecto de las partes del cerebro, no conviene olvidar que está dividido en dos mitades. Realmente se trata de dos cerebros en uno, intercomunicados a través del llamado cuerpo calloso.

Suponiendo una persona diestra, su hemisferio izquierdo controla los procesos lógicos, lo racional, intelectual, lineal, científico, analítico, verbal, secuencial, limitado por el tiempo, masculino, Yang.

El Yin y Yang son dos conceptos del taoísmo que exponen la dualidad de todo lo existente en el universo. Describe las dos fuerzas fundamentales opuestas y complementarias, que se encuentran en todas las cosas. El Yin es el principio femenino, la tierra, la oscuridad, la pasividad y la absorción. El Yang es el principio masculino, el cielo, la luz, la actividad y la penetración.

Como detalle importante, diremos que las llamadas facultades PSI Ψ (Inconsciente = Tálamo) extrasensoriales o paranormales, se activan en muchos sujetos cuando están en trance hipnótico, es decir, cuando se está en un estado alterado de conciencia (ver estudios de Etzel Cardeña o Ken Wilber, entre otros).

Esto quiere decir que el cerebro, la mente y la inteligencia humana, funcionando en este estado de conciencia, obtienen un enorme potencial para ser utilizado en la solución de cualquier problema.

La investigación en laboratorios de parapsicología ha demostrado que la conciencia humana no es solamente capaz de captar información grabada en su propio cerebro, sino que también es capaz de captar información de otras mentes. Por ejemplo: la facultad de Telepatía se ve aumentada considerablemente (ver las experiencias del doctor Rhine con las cartas Zener en la Universidad de Duke).

Es importante darse cuenta de que uno puede entrenarse psicológicamente y, en estado de hipnosis, aprender a funcionar en el estado cerebral Alpha y Theta. Ambos niveles de actividad corresponden a estados de profundo bienestar físico y mental, aunque no siempre tiene que ser así.

Al estar en una actividad de ondas bioeléctricas que corresponden a una de las fases del sueño (R.E.M.), el subconsciente de la persona está potenciado al máximo y las facultades del mismo afloran de una manera muy natural y espontánea.

Práctica regular

Debe entenderse que estos procesos y los beneficios de los mismos/as se alcanzan si existe una práctica regular y bien estructurada. Una persona que entra en un estado de autohipnosis un día, pero no vuelve a practicar en semanas o meses, no obtiene prácticamente nada de este estado.

Lo mismo si es hipnotizado por otra persona.

Es la práctica diaria la que convierte al estado hipnótico en potenciador y optimizador de recursos y habilidades. Con la práctica regular uno/a aprende a relajarse profundamente y combatir el estrés, solucionar problemas y activar la parte creativa de nuestra mente. Se aprende a actualizar recursos y habilidades para enfrentarse a las dificultades de la vida, superándolas a veces de manera rápida y fácil.

Sobre esta cuestión, hay que seguir de cerca las investigaciones de la Universidad de Lund en Suecia, bajo la dirección del doctor Cardeña [1].

Desde un enfoque parapsicológico, son las facultades paranormales las que a veces se potencian: telepatía, precognición, telequinesia, xenoglosia, hipermnesia, experiencias intrauterinas, regresiones a supuestas vidas pasadas, etcétera.

Los fenómenos paranormales (experiencias anómalas) son un tema sometido a la discusión y que la llamada ciencia oficial rechaza al no estar dentro de sus postulados y paradigmas científicos. Obviamente están cometiendo un error que las generaciones futuras tendrán que corregir, si es que de verdad quieren avanzar en el estudio del hombre y sus funciones psicológicas.

"La psicología del futuro será transpersonal o no será".

Notas:

1 Cardeña sustenta la Cátedra Thorsen de Psicología (incluyendo parapsicología e hipnosis) en la Universidad de Lund, Suecia, en donde es Director del Centro de Investigación sobre la Conciencia y Psicología Anómala (CERCAP). Sus áreas principales de investigación son la hipnosis, fenómenos y trastornos disociativos, y experiencias anómalas, incluyendo las parapsicológicas. Entre sus más de 200 publicaciones científicas se encuentra el libro Las variedades de la experiencia anómala: Un examen de la evidencia científica el primer volumen académico sobe experiencias anómalas publicado por una editorial científica (American Psychological Association).

IV

AUTOHIPNOSIS Y VISUALIZACIÓN

En la década de 1920, Edmund Jacobson llevó a cabo un experimento demostrando que cuando uno se visualiza corriendo, los músculos de la pierna se mueven involuntariamente. Esta fue una clave importante sobre el vínculo entre mente consciente y el sistema nervioso autónomo (automático).

En la misma década, Shulltz y Luthe presentaron un informe de 2.400 historias de casos que señalaban que la visualización y la relajación eran efectivas para ayudar a los pacientes a recuperarse de intervenciones quirúrgicas y en el tratamiento de asma, los dolores de cabeza, la artritis, el dolor de espalda y la diabetes.

Además de los temas autogénicos básicos de pesadez y calor en las extremidades, los pacientes avanzados de Schultz emplearon imágenes tales como pararse en la cumbre de una montaña, verse en la luna, volar por encima de las nubes u observar un amanecer.

Franz Alexander es considerado el padre de la medicina psicosomática. En 1939 este médico de Chicago escribió:

"Muchas alteraciones crónicas no son causadas por factores externos, mecánicos, químicos o por microorganismos, sino por el estrés funcional crónico continuo que surge durante la vida cotidiana del organismo en su lucha por la existencia".

Precisamente éstas son la clase de alteraciones que pueden corregirse mejor con el abordaje de la visualización y el trance hipnótico, facilitador y optimizador de los recursos y capacidades de imaginería de la mente.

El eminente psiquiatra italiano Roberto Assaglioli fue alumno de Freud, Jung y Máslow. Assaglioli creó una psicología llamada Psicosíntesis.

Este sistema ve a los seres humanos como tendiendo naturalmente hacia la armonía con su yo interno y el mundo externo.

Assaglioli utilizó técnicas de visualización para diagnosticar problemas emocionales y entrenar a la voluntad para lograr el desarrollo personal.

Hacia 1950, el poder de la fantasía mental estaba siendo explorado y utilizado en muchas disciplinas. Dick–Read empleó la visualización como parte de sus técnicas para parto natural.

Una por una, las antiguas prácticas de visualización han sido validadas en el laboratorio. El psicólogo Erik Peper demostró que el 50% de un grupo de personas no entrenadas salivaría a través de la visualización detallada de un limón.

Paul Eckman, otro psicólogo de la Universidad de California, descubrió que la simulación de una emoción influye en el cuerpo exactamente del mismo modo que cuando se experimenta realmente la emoción. O sea, que el sistema nervioso autónomo no distingue entre un hecho vivido realmente y otro imaginado en sus más mínimos detalles.

En la Fundación Menniger, investigadores utilizaron las frases autogénicas y la biorrealimentación EMG (electromiograma) para relajar los músculos de la frente y, por consiguiente, aliviar los dolores de cabeza provocados por la tensión. Estos investigadores trataron las fobias y la ansiedad haciendo que sus pacientes combinaran los ejercicios de relajación con la visualización de escenas estresantes.

Chlomo Breznietz, un psicólogo de la Universidad Hebrea de Jerusalén, demostró que las expectativas positivas y negativas tienen efectos opuestos sobre los niveles sanguíneos de cortisol y prolactina, dos hormonas importantes en la activación del sistema inmune. Los soldados obligados a realizar marchas penosas recibieron información diversa sobre la longitud de la marcha próxima. Sus niveles de hormona del estrés siempre reflejaron sus expectativas de dificultad, no la dificultad real.

En su obra '*El hombre moderno en busca de su alma*', Carl Gustav Jung dice que las imágenes llegan a la conciencia desde todas partes de la psique. Jung llama al centro de la psique el 'YO' o 'Alma'. Desde este centro proceden las imágenes de mayor poder regulador.

Ejercicio de visualización: la rosa

Este ejercicio puede realizarse tanto individualmente como en grupo. En el primer caso, es necesario aprender bien las distintas fases para poder recordarlas con facilidad. En el segundo caso, el que dirige el ejercicio, lentamente y con las pausas oportunas, lo desarrolla de la siguiente forma:

Imaginemos el capullo cerrado de una rosa. Visualicemos el tallo, las hojas y, en lo alto del tallo, el capullo. Este es de color verde porque los sépalos todavía están cerrados y, como máximo, en la parte superior, se puede llegar a ver tan sólo un pequeño punto rosa...

Procedemos a visualizarlo vívidamente, manteniendo su imagen en el centro de la consciencia...

Mientras lo observamos, vemos cómo poco a poco se va iniciando un lento movimiento: los sépalos comienzan a separarse dirigiendo sus extremos hacia fuera, descubriendo así los pétalos rosados, todavía cerrados...

Los sépalos se separan cada vez más y cada vez se distingue mejor el capullo de pétalos de un tenue color rosa...

Ahora también los pétalos empiezan a extenderse, el capullo sigue abriéndose lentamente hasta que la rosa se revela en toda su belleza y nos quedamos admirándola con alegría...

Llegados a este punto, comenzamos a percibir, inhalando, el aroma de la rosa, este perfume tan característico y conocido: tenue, dulzón y agradable...

Lo olemos con profundo placer. Después, visualizamos toda la planta e imaginamos la fuerza vital que brota desde las raíces hasta la flor, produciendo este desarrollo y permanecemos contemplando este milagro de la naturaleza...

V

SUEÑOS, SÍMBOLOS ARQUETÍPICOS

Desde una visión transpersonal, otro importante concepto junguiano es el de los arquetipos, símbolos innatos universales de una gran energía transformadora.

Por ejemplo, una cueva es una imagen arquetípica del útero de la humanidad. Un árbol es una imagen arquetípica de vida cimentada en la tierra y que aspira al cielo.

Muchas de las imágenes que surgen espontáneamente en la visualización receptiva son arquetipos y nos son especialmente útiles para alcanzar desarrollo y cambio.

Jung decía que tan real es un fantasma como un ladrón, para el hombre que teme a ambos. Con esto quería decir que los acontecimientos psíquicos, imágenes mentales activadas interna o externamente, son la única realidad que se tiene.

Hasta hace poco, nadie pudo observar fisiológicamente cómo la actividad mental consciente es capaz de producir cambios en el sistema inmune. El planteamiento aceptado era que el sistema inmune era la parte más autónoma del sistema nervioso central (autónomo). Se creía que no existía ninguna conexión conocida entre las zonas más elevadas, conscientes, del cerebro y las funciones inmunes. Innumerables disecciones demostraron que las únicas conexiones estaban más abajo, en el tronco cerebral y en la médula espinal.

Pero la nueva tecnología ha permitido a los fisiólogos modernos ver y seguir el rastro en el cuerpo de nervios más y más finos. Estos investigadores han demostrado que esos nervios van desde los centros más elevados del cerebro hasta la glándula del timo, el bazo, los nudos linfáticos y la médula ósea, todas ellas zonas claves del sistema inmune.

De modo que la mente está conectada con el sistema inmune y conscientemente puede mejorarse la capacidad para combatir la enfermedad mediante la visualización.

Endorfinas – elevar el umbral del dolor – analgesia

No sólo existen conexiones neuronales entre la mente consciente y el sistema inmune, también hay conexiones químicas.

El cerebro en sí mismo puede producir elementos químicos que sirven como mensajeros para el resto del cuerpo, diciéndole que se sienta bien, que haga caso omiso del dolor o que se movilice para combatir la enfermedad [1].

Una nueva especialidad está emergiendo en la frontera de la investigación médica. Se le da el nombre de psico–neuro–inmunología y consiste en el estudio de cómo los pensamientos y los sentimientos (psico) interactúan con el sistema nervioso (neuro) para promover la curación (inmunología).

En la actualidad, el círculo que rige la visualización tiene una fuerte orientación médica. En gran parte está compuesta por doctores en medicina y filosofía que dirigen clínicas oncológicas y de tratamiento del dolor y realizan investigaciones que validan y extienden las ideas de los teóricos y de otros investigadores, médicos o no. Algunos ejemplos son Jeanne Achterberg, que trabaja con pacientes de cáncer y de otras enfermedades en Texas; Frank Lawlis, que dirige una clínica de tratamiento del dolor; Stephanie Matthews–Simonton y Carl Simonton, que dirigen el famoso Centro de Investigación y Asesoría del Cáncer, también en Texas; y Bernie S. Siegel, cirujano que trabaja con pacientes de cáncer en Connecticut y enseña en Yale.

Modelado de inducción grupal en Autohipnosis (naturalista o ericksoniano)

Ejercicio especial para programarse una rutina diaria de contacto personal y un recordatorio de la formulación de objetivos.

Modelado libre de Roger P. Aller (Guiones y estrategias en hipnoterapia, Edit. Biblioteca de psicología), Francois J.Paul Cavallier (Edit. Los libros del comienzo), Joseph O'connor y John Seymour (Introducción a la programación neurolingüística), Bandler y Grinder (Trance Formate, Edit. Urano).

Sentado/a en un lugar cómodo/a, sin que nada ni nadie te moleste durante tu práctica diaria...

Observa tus sentimientos, pensamientos, emociones incluso tus sensaciones corporales...

Quizá te invadan sentimientos o pensamientos de cierta expectación o alegría ante la perspectiva de practicar la autohipnosis, o te muestres curioso/a por lo que puedas experimentar...

Explorar con la autohipnosis es algo muy personal, se trata de entrar más íntimamente en tu propia parcela individual, asumiendo un papel activo y comprometido con tu propio autoconocimiento...

La práctica debe ser diaria, fiel a la cita con la persona más importante para ti en estos momentos, tú mismo/a...

No te demores en acudir, una parte esencial de ti mismo/a te espera, aguarda a que la parte externa se reúna con tu parte más interna, no te defraudes a ti mismo/a...

No hay nada más importante ahora, sólo sentarte y establecer una pausa, un alto en el camino, comienza el viaje más apasionante y la exploración más necesaria y enriquecedora...

Es un viaje del exterior hacia el interior...

Paul Chaurchard decía:

"*Todo el mundo mira al exterior, yo quiero mirar en mi interior*".

O como dicen los maestros zen:

"*La mente humana debería comportarse como una puerta que abre en dos direcciones, una hacia el exterior y otra hacia el interior*".

Modelados o sugerencias que puedes hacerte en autohipnosis

Con cada exhalación profunda, relajante, plena y satisfactoria, siento cómo mi cuerpo se va relajando y abandonando al descanso más y más...

Con cada nueva exhalación que doy, siento cómo la relajación y el descanso va bajando por los brazos y manos... al exhalar de nuevo dejo que se relajen los hombros y mis brazos caigan sueltos y pesados...

El descanso y abandono relajante y confortable sigue por los muslos, piernas y pies, hasta sentirlo por los dedos de los pies, tal vez sienta un hormigueo, la sangre que fluye por los dedos...

Con cada nuevo aliento que doy me relajo y descanso más profundamente... ahora nada me preocupa ni distrae, sólo atento al flujo y reflujo de mi respiración, lenta, profunda y sosegada...

Observo y siento la totalidad de mi cuerpo, cómo se va relajando poco a poco... cuando noto que hay cualquier tensión o malestar, al inhalar, llevo la energía y luz respirada a esa parte... curando y sanando... al exhalar dejo que esas tensiones salgan junto a los deshechos de la respiración, las voy sacando lejos, no las necesito ahora...

Cada pensamiento, emoción o sensación física que observo, lo dejo pasar, o dejo que desaparezca por sí solo, no me concierne ahora, no lo he creado conscientemente... no es mío, no lo quiero...

Observo tranquilamente el flujo incesante de imágenes, pensamientos y sensaciones corporales que se suceden constantemente... observo cómo interactúan mi mente consciente y mi mente inconsciente... observo a mi mente atenta y a mi mente inatenta...

Exhalando relajadamente, siento la comodidad de mis ojos cerrados detrás de mis párpados que se adormecen plácidamente... al inhalar de nuevo llevo el aliento respirado a la parte central y superior de mi cráneo... al exhalar voy soltando el aire permitiendo que la tensión residual salga por la planta de los pies...

Todo está bien, me siento cómodo/a y relajado/a... no quiero entrar rápidamente en estado hipnótico... quiero primero explorar las posibilidades reales de hacerlo profundamente...

Quiero encontrarme seguro/a, cómodo/a y en control, seguro/a y relajado/a... prefiero que los acontecimientos se sucedan en su propio tiempo y a su manera... y mientras me relajo y libero tensiones innecesarias, siento cómo se relaja mi mano derecha, aunque tal vez mi mano izquierda se relaje más profundamente que el pie izquierdo, aunque no olvido que la pierna derecha puede llegar a estar más descansada y adormecida, si es necesario, que el resto de la mano...

Voy descubriendo la facilidad que tengo para dejarme inducir a un estado hipnótico tranquilo, seguro y relajante guiándome por mi propia voz, por mi propio sabio consejero interno... acepto ahora que dentro de mí hay uno/a que me conoce mejor que yo mismo/a...

Me abro a la exploración, observo y acepto los cambios que se van dando... presto atención a las sensaciones que se producen... me dejo llevar fácilmente hacia un trance más profundo y agradable, más confortable y seguro...

Mi mente consciente ha comenzado a derivar hacia el exterior... escucho los ruidos y sonidos que me rodean... hacia cualquier parte, así permito que mi cuerpo, mi mente y mi respiración vayan a la deriva... simplemente dejo que mi cuerpo y mi mente me lleven a un estado más cómodo y más confortable...

Percibo como mi corazón late más despacio... siento cómo cada latido me lleva más y más al fondo... a una experiencia más interna... y mientras observo todo eso, siento también cómo se modifica mi presión arterial y el pulso...

Noto todos los músculos de mi cuerpo que se aflojan y adormecen... el tono muscular desciende y percibo cómo cambian también los reflejos motores de mi cuerpo con cada exhalación...

Escucho simplemente el fondo de mi mente... como si fuera una conversación que oigo casualmente... este es un momento de paz y calma, tranquilidad respirada...

Mi mente inconsciente continúa observando y recordando todo lo que ahora sea menester saber y recordar... mi mente consciente sigue fluyendo libre hacia otro lugar... no necesito esforzarme para comprender, sólo observar...

Descanso plácidamente ahora aquí, seguro/a, tranquilo/a y a salvo... mi mente libre viaja fuera, a otro lugar... siempre he sabido que es más fácil aprender y saber cuándo estoy más relajado/a, tranquilo/a y centrado/a en mi respiración...

Y ahora puedo aprovechar esta oportunidad para observar tranquilamente esos problemas que voy reconociendo fácilmente... gracias a mi facilidad para relajarme, aprendo cómo dejar que las tensiones vayan saliendo, cómo dejar marchar la ansiedad que no necesito mantener...

Ahora soy consciente de una forma diferente de ver las cosas, y acepto aquellas que parecen ser una cosa y luego se transforman en otras diferentes... algo distinto... de este modo, aquello que resulta fácil o difícil se transforma en una experiencia enriquecedora para mí...

Exhalando y relajando mi mente y mi cuerpo, voy cambiando también viejas creencias, reconozco nuevas capacidades y habilidades, voy aprendiendo nuevas formas de hacer las cosas...

Ahora tal vez sea apropiado para mí profundizar más en el trance... permitiendo que todas estas sensaciones continúen, disfrutando con estas sensaciones de pesadez, descanso y relax profundo... puedo darle otro sentido a las cosas, puedo tener un orden de prioridades y considerar el valor real de cada cosa, dándole a cada cosa, lugar o situación, la importancia que realmente tienen...

Y ahora observo cómo es que sé lo que sé... cómo comprendo lo que comprendo, cómo veo lo que miro... soy consciente de lo que miro y veo... observo cómo escucho y pienso lo que pienso... tal vez ahora escucho conscientemente... observo los sentimientos que siento en mi interior... y percibo perfectamente el latido de mi corazón, un tiempo para la sístole y otro para la diástole... ahora percibo el suave roce del aire entrando y saliendo por las fosas nasales...

Observo tranquilamente las imágenes que hay en mi mente... y simplemente respiro ahora... sé que donde está mi cuerpo está mi respiración y donde está mi respiración está mi vida... en ningún otro lugar... respiro y me dejo llevar, simplemente observo y exploro...

Observo cómo respiro y cómo pienso, observo todo eso...

¿Quién respira y observa dentro de mí? Soy yo quien da un significado a cuanto veo, siento, toco, huelo, saboreo y quiero para mí... decido ahora sentirme cómodo/a y escojo percibir aquellas cosas que me hacen disfrutar y sentirme bien... aprendo fácil y rápidamente... exploro cómo estoy gestionando mis experiencias pasadas, presentes y futuras...

Ahora descubro lo fácil que resulta sacar fuera la tensión y el malestar... observo cómo las preocupaciones van saliendo y su lugar es ocupado por el silencio, la calma y la seguridad... puedo fluir hacia fuera con mis pensamientos... observo lo fácil que puede ser orientarme hacia mi interior... no necesito saber cómo es el proceso que permite que yo entre en un trance más profundo... ahora me permito usar esta habilidad que está aquí conmigo... me oriento hacia esa parte que ha estado ahí siempre conmigo... en mi perfecta mente inconsciente... que es capaz de hacer muchas cosas para mí...

Me siento cómodo/a y relajado/a... profundamente concentrado/a en mi respiración y permito que los músculos de mi respiración, de mi laringe, mi maxilar, de mis labios, de mi lengua, se relajen y vuelvan activos... de tal modo que puedo hablar conmigo mismo/a y seguir respirado profundamente...

Cuando trato de mover mi brazo, éste parece de cera y se maneja con gran facilidad... y con la próxima exhalación, me sumerjo cada vez más en el sillón... y mientras inhalo de nuevo, observo una placentera pesadez que va formando parte de mi experiencia...

Y mientras noto esto, me resulta fácil entender lo que necesito ahora sin esfuerzo... y observo todos los ruidos de mi alrededor que van formando parte de mi experiencia, nada me molesta, nada me distrae, noto cómo sube y baja mi pecho con cada nuevo aliento que doy... presto atención a mi respiración lenta, profunda y poderosa... observo lo fácil que resulta no preocuparme, simplemente atento/a a lo que ahora es necesario para mí... respiro bienestar, calma y tranquilidad... a medida que voy logrando concentrarme cada vez más profundamente en mi cómoda respiración...

Siento también lo interesante que es continuar, continuar sintiendo cada respiración, a medida que inspiro y espiro... lo único que me interesa ahora es respirar... todo lo demás queda fuera de mi conciencia de estar respirando... ahora no existe nada más... sólo respirar y bienestar...

Tal vez pueda notar ahora sensaciones de hormigueo en la punta de los dedos de las manos... una placentera y calurosa sensación se extiende desde la punta de los dedos de las manos... casi hasta las muñecas... experimento una sensación de hormigueo que me recuerda lo profundamente concentrado/a que puedo estar en mi experiencia interna... el profundo bienestar que puedo sentir...

Ahora noto una sensación de hormigueo similar alrededor de la boca y de los labios... y observo también esa sensación en la parte baja de la espalda, y exhalo largamente y la sensación de hormigueo desciende a los pies, con la próxima inhalación, llevo esa energía a todo mi cuerpo, comienzo a sentir ahora como si estuviera lleno/a de energía... sensación de hormigueo, respirando, todo a un ritmo cómodo, permitiendo que mi voz siga formando parte de mi bienestar...

Ahora estoy llegando a lo más profundo de mi mente interna, con cada inhalación que tomo me siento cada vez más seguro/a, más seguro/a y tranquilo/a en mi experiencia interna...

Ahora sé que puedo resolver mis problemas de manera eficaz, así conduzco mi vida de un modo más inteligente, más satisfactoriamente, con cada nueva respiración que doy, tengo un mayor control sobre los aspectos de mi vida que son importantes ahora para mí...

Día a día mejoro mis relaciones, estos sentimientos positivos continuarán con más fuerza con cada día que pase, con cada nueva respiración, incluso cuando esté durmiendo mi inconsciente trabaja colaborando con mi propósito consciente de alcanzar mi objetivo...

Aprovecho cada exhalación para sacar fuera junto a los deshechos de la respiración todo lo que no necesito ahora, lo dejo marchar, va saliendo el malestar... elimino ahora cualquier sentimiento de culpabilidad, me libero de la tensión y ansiedad, dejo marchar la angustia, visualizo cómo llega el momento en que me deshago de cualquier problema, de las ansiedades y tensiones diarias, lo voy tirando en un contenedor de basura...

Estoy creando mi espacio para la calma, la tranquilidad, el control, la relajación y el bienestar que quiero, deseo y merezco...

Siempre que me quiera volver a sentir así de relajado/a y de tranquilo/a, todo lo que tengo que hacer es sentarme en un cómodo sillón, respirar tranquilamente, muy despacio, inhalar, retener el aire unos momentos a pulmón lleno, sin esfuerzo... después, a medida que vaya dejando salir el aire viciado, iré expulsando también las tensiones y eso hará que los sentimientos de calma, de bienestar, acudan a mi mente, a toda mi experiencia interna, de manera tranquila y suave, con toda naturalidad me sentiré más calmado/a, más aliviado/a, con cada nueva respiración que dé me envolverán esas sensaciones, como un baño caliente y reparador en una bañera confortable...

Nada me molesta, todo se calma, me sumerjo en mi universo de paz, amor y curación con cada nuevo aliento que doy, simplemente respirar y todo sucede...

Respira... siente paz, amor y tranquilidad...

Reflexiones importantes acerca del ejercicio

La clave fundamental de la autohipnosis consiste en realizar respiraciones muy lentas y profundas, así se genera una conducta post–hipnótica, a través de ella se experimentan sensaciones de bienestar, control y calma, la percepción de que nada te molesta y nada te preocupa conduce al nivel de analgesia apropiado.

Para lograr estos resultados obviamente hay que practicar con regularidad: de igual modo que cualquier deportista para llegar a una condición óptima de preparación tiene que practicar diariamente, la autohipnosis deberá proceder de igual manera.

Se debe seguir con un aprendizaje regular. A medida que vas dominando la técnica, irás alcanzando más autonomía y tus visitas al profesional se espaciaran hasta desaparecer. No obstante, habrá que tener en cuenta los habituales retrocesos o resistencias que casi siempre se dan en todo proceso terapéutico.

Es típico que una persona realice con gran éxito estas técnicas durante varios meses y, de repente, comience a tener dificultades y crea empeorar o que ya no le dan tan buenos resultados de control y bienestar. Tal vez surjan de forma inesperada factores externos de estrés generados por situaciones no previstas, una nueva lesión o incluso alguna enfermedad. El grado de control alcanzado parecerá debilitarse considerablemente.

Como es lógico, el profesional deberá retomar con su cliente las prácticas y realizar un refuerzo de las técnicas o incorporar otras que lo potencien, ayudando a sobrellevar el empeoramiento de la enfermedad o trastorno que se pretende mejorar y controlar con la autohipnosis.

Ésta será una magnifica ocasión para explorar juntos, terapeuta y paciente, las causas o elementos que subyacen, generan o contribuyen a ese empeoramiento.

Muchas veces se pasan por alto ciertos elementos psicológicos o emocionales que siempre están directa o indirectamente relacionados con cualquier dolor, trastorno o enfermedad. Toda enfermedad tiene su correspondiente factor emocional, de tal manera que es un disparate y un tremendo error usar solamente elementos farmacológicos, cirugía o cualquier otro procedimiento típico de la medicina alopática sin tener en cuenta su correspondiente factor psicológico [2].

Profundizando en la experiencia

Modelado libre de Roger P. Aller (Guiones y estrategias en hipnoterapia, Edit. Biblioteca de psicología), Francois J.Paul Cavallier (Edit. Los libros del comienzo), Joseph O'connor y John Seymour (Introducción a la Programación Neurolingüística) y Bandler y Grinder (Trance Formate, Edit. Urano).

Y esta experiencia que experimento ahora me aporta calma y bienestar, dejo que la relajación y la paz llene mi experiencia interna y al exhalar expulso fuera de mí todo aquello que me pueda molestar... ésta es la experiencia que quiero para mí, el malestar queda fuera, allí...

Me relajo y acomodo aquí... día a día, con cada nueva respiración que doy aumenta mi capacidad de calma, tranquilidad y bienestar...

Ahora puedo disfrutar de esta capacidad para crear estas sensaciones de tranquilidad y seguridad donde esté, y va quedando fuera todo aquello con lo que decido acabar...

No lo quiero, no me hace falta, con cada nuevo aliento que doy disfruto de esta sensación de paz y libertad, solamente tengo que sentarme cómodamente, cerrar mis ojos, revivir estas sensaciones de descanso y relajación total; ahora simplemente disfruto de mi calma, respiro tranquilidad, permanezco respirando y disfrutando de este momento de calma y tranquilidad...

Puedo disfrutar de este sentimiento de profundo bienestar calma y tranquilidad y, al mismo tiempo, puedo ser consciente de cómo respiro relajadamente... y ese sentimiento de bienestar en mi garganta, en mi cabeza, en mis hombros y estómago va aumentando mi calma y mi tranquilidad, simplemente exhalando profundamente...

Permítete explorar lo bien que te vas sintiendo a medida que profundizas en el trance poco a poco. Mientras experimentas la relajación, imagina o siente una agradable cascada de luz que desciende sobre ti, como un baño de luz, calor y energía que envuelve todo tu cuerpo, que se va extendiendo desde la garganta hasta el estómago. Tal vez sea de un color, tu color favorito, suave, agradable que va penetrando por los poros de tu piel y hasta puedes sentir el recorrido interno, a la vez que va curando y sanando.

Todos sabemos que a lo largo del vivir diario hacemos, sentimos y pensamos tantas cosas que es imposible luego recordarlas todas. Tú tampoco tienes que hacerlo, algunas cosas no merecen la pena. Tal vez la próxima vez que cierres los ojos para entrar en autohipnosis sentirás que tu inconsciente te ayuda a comprender algo o saber acerca de cómo curar y sanar una dolencia. O tal vez tu experiencia sea una nueva comprensión acerca de tu objetivo a conseguir. O tal vez observes que tu seguridad y confianza interior está aumentando día a día y sin esfuerzo consciente por tu parte.

En cualquier momento, cuando tú quieras, puedes cerrar los ojos, recordar estas palabras, estas sensaciones de bienestar y control que experimentas con la autohipnosis. Tal vez para solucionar un problema desde esta misma calma, seguridad y control que te permite la autohipnosis. Resulta extraordinario saber que eres dueño/a de tu propio bienestar, que puedes elegir lo que quieres y cómo lo quieres en el contexto y lugar apropiado. Tu mente, tu respiración y tu cerebro estarán en perfecta armonía, trabajando hacia el objetivo de tu propio proyecto de realización personal.

Consejos prácticos

Estos guiones sirven para ser aplicados en autohipnosis, es decir, sobre uno/a mismo/a y sobre el cliente o paciente que estemos tratando o ayudando con la debida psicoterapia. Se eligen las palabras o contenidos más idóneos, según sea el problema algo psicológico o somático, motivación al estudio, deporte, etcétera.

Cualquier psicólogo o terapeuta comprometido en su autoconocimiento y desarrollo personal puede grabarse todo el guión, realizar su propia autohipnosis y verificar por su propia experiencia el enorme potencial y posibilidades contenidas en el presente modelo. Aparte de los beneficios propios, extraerá nuevas ideas y se le ocurrirán elementos nuevos para mejorar, ampliar y enriquecer la experiencia a partir del presente modelo de hipnosis. ¿Cómo vas a enseñar un camino a alguien si no lo conoces mediante tu propia experiencia?

Notas:

1 Ver las investigaciones de la doctora Helen Crawford relacionadas con la Resonancia Magnética Funcional.

2 Recomiento leer detenidamente La enfermedad como camino, de Thorwald Dethlefsen y Rüdiger Dahlke (Editorial Plaza y Janes).

VI

FISIOLOGÍA DEL CEREBRO

Una mirada a cómo se desarrolla el embrión humano muestra por qué el sentido visual es tan dominante en la vida en estado de vigilia y en la imaginación.

Los ojos se desarrollan en el embrión a partir de brotes en el cerebro.

Los ojos son más una parte del cerebro que cualquier otro sentido y son su vínculo cerebral más directo con la realidad.

Existen sólo unos dos billones de células cerebrales dedicadas a dirigir los centros de la conciencia y del habla.

Pero hay cien billones de células cerebrales dedicadas al inconsciente, a manejar pautas y formas, instintos y pulsiones, y a seguir la huella de la historia del individuo.

De este modo, por la simple razón de la mayor cantidad de células cerebrales, el inconsciente es más importante que la mente consciente.

Esto demuestra por qué la visualización y el trance hipnótico operan en una zona que es más grande en alcance y es más rica en recursos que la zona asignada al pensamiento consciente.

Esto permite comprender que funcione tan bien para resolver problemas, recuperar recuerdos perdidos, sugerir alternativas creativas, etcétera.

La visualización es fundamentalmente una actividad del hemisferio cerebral derecho, intuitivo, emocional y no lineal.

Los científicos no saben por qué, pero es evidente que en el cerebro no existe diferencia entre una imagen de la realidad y una imagen visualizada.

El fenómeno neurológico es exactamente el mismo. Éste es el hecho clave, la explicación que se halla detrás del poder de la visualización.

El modelo holográfico de la función del cerebro

Algunas investigaciones realizadas por los científicos dicen que debe considerarse todo el campo eléctrico alrededor del cuerpo cuando se estudia cómo se siente la realidad, cómo se almacenan los recuerdos o se visualiza una imagen.

Dicen que la actividad eléctrica del cerebro, la médula espinal y la totalidad del sistema nervioso, establecen ondas eléctricas entrecruzadas formando pautas repetidas significativas, de líneas de ondas de interferencia que son únicas para cada individuo.

Las pautas se comparan con los hologramas, imágenes tridimensionales creadas por haces entrecruzados de rayos láser.

Este modelo del funcionamiento del cerebro puede explicar los cambios increíblemente rápidos y espectaculares que algunas personas han creado en sus cuerpos solo a través de la visualización. Efecto que se potencia al máximo si el ejercicio de visualización se realiza cuando la persona está en trance hipnótico.

Ciertamente ello apoya las teorías orientales y occidentales sobre la existencia e importancia de los flujos de energía en el cuerpo.

Como dijo Robert Burton:

"Una mente serena lo cura todo".

Teoría y supuestos científicos: las ondas cerebrales

¿Qué es la hipnosis?

Un estado alterado de conciencia. De naturaleza positiva y donde hay cambios en la actividad bioeléctrica del cerebro.

Éste aspecto es fundamental para saber cómo y por qué resulta tan poderoso el proceso terapéutico en estado de trance hipnótico.

Se plantea teóricamente que a cada actividad bioeléctrica del cerebro corresponde un determinado estado de conciencia.

Ejemplo: ondas beta, cuando estamos en este estado, es decir, el llamado estado de vigila, podemos experimentar distintos estados de ánimo, emociones, pensamientos, sensaciones, podemos estar tranquilos/as, nerviosos/as, irritados/as, confiados/as, temerosos/as, ocupados/as, ociosos/as, absortos/as, aburridos/as, iracundos/as, deprimidos/as, angustiados/as, optimistas… la conciencia está volcada al mundo exterior, lo físico, el cuerpo y acciones, tiempo, espacio, contexto, los cincos sentidos…

En la actualidad es posible medir el potencial eléctrico emitido en micro voltios. Y también la frecuencia en ciclos por segundo (cps). En beta la frecuencia es de 14/30 cps y cada impulso tiene un potencial que varía entre 10/50 micro voltios.

Cuanto mayor es la frecuencia, menor es el voltaje. Imaginemos un grifo que abrimos 14/30 veces por segundo que suelta un chorro de 50, que sería su potencial.

La importancia de los cambios de conciencia se relacionan con la habilidad necesaria para enfrentarnos a la vida y sus retos: cada situación, cada meta a alcanzar y cada problema a resolver requiere de un determinado y apropiado estado de conciencia.

Ahora pasemos a las ondas alpha: 7 a 14 cps y su potencial medido en micro voltios es de 100.

Aquí la mente esta algo más tranquila y relajada, hay una conciencia más interna y eso permite cierta autoconciencia, una especie de íntima recordación de sí mismo. Los pensamientos son más tranquilos, integrados cuerpo y mente.

Hay una percepción o autoconciencia de la propia condición o estado de los cambios que se producen en el cuerpo y la mente.

Es un estado que facilita estos procesos de darse cuenta, aunque no necesariamente, depende de la actitud de cada individuo.

En todo caso el nivel alpha, permite una mejor visualización y más activa imaginación. El científico que descubrió las ondas alpha fue Hans Berger en 1924.

Algunos investigadores definen a las ondas alpha como una actividad cerebral frontera entre la vigilia y el sueño; como un estado de gran receptividad mental, sugestionabilidad aumentada y donde se graban mejor los mensajes dirigidos al inconsciente (autoestima, confianza, etcétera).

También se dice que es el estado mentalmente creador por excelencia. Se facilita transferir material del inconsciente a la conciencia (hipermnesia). Y de la conciencia al inconsciente (mensajes de cambio en hábitos y conductas negativos, por ejemplo).

En los procesos de reprogramación para nuevos hábitos y conductas se puede considerar que es el estado cerebral y de conciencia más apropiado, según algunos teóricos.

De igual manera sería un estado idóneo para el psicoanálisis o hipnoanálisis. Lo importante sería poder mantener al paciente en ese estado con regularidad durante todo ese proceso terapéutico.

Se cree que es un estado de inspiración, con una mente muy receptiva, usada por los artistas. Los niños pasan gran parte del tiempo en alpha: algunas investigaciones científicas dicen que los niños se encuentran casi permanentemente en estado alpha y conviene recordar que la infancia es el periodo de la vida en la que el cuerpo se encuentra implicado en una multiplicación celular gigantesca.

Pero tengamos en cuenta que todo esto es simplemente descriptivo y no demostrativo de nada en principio, no es una verdad absoluta. En muchos casos se dará así y en otros no se dará.

Hay un darse cuenta que es fundamental en este proceso de autoconocimiento y evolución personal. Y en este darse cuenta está la clave del proceso terapéutico.

Ahora pasamos a las ondas theta, con una actividad de 7 a 14 cps y un potencial de 200 micro voltios.

Se asocia con la meditación, la ensoñación, el trance hipnótico y una de las fases del dormir con sueños.

Aquí, en ondas theta, se elabora nuestro material inconsciente, reside el sueño paradójico con las fases REM (movimiento rápido ocular, donde se producen los sueños) el cuerpo se reorganiza, hay regeneración celular y se realizan importantes procesos homeostáticos.

A veces se considera el trance hipnótico como un potenciador para que el cuerpo regule su propio organismo.

En tratamientos coadyuvantes contra el cáncer y otras enfermedades, se utiliza este estado hipnótico-cerebral theta para que las visualizaciones alcancen su nivel más óptimo en el proceso de ayudaa a la curación y sanación del enfermo.

Las teorías científicas apuntan a la idea de que las ondas alpha-theta son generadoras del crecimiento celular.

Tanto el recién nacido como el moribundo se encuentran en una actividad cerebral de ondas delta, donde se dice que no hay conciencia. Es como los dos mismos/as niveles de tránsito: uno para abrirse creciendo a la vida y el otro para despedirse de ella.

Del mismo modo que sustituimos o actualizamos un programa informático, se podrían obtener cambios positivos con relativa facilidad en el funcionamiento cerebral.

Más exactamente, podríamos obtener mejoras inmediatas en el modo en que pensamos, sentimos, actuamos y nos relacionamos con el mundo; tanto el exterior, cosas, personas, como con nuestras emociones, sentimientos y pensamientos.

Así pues un nuevo programa hace que mejoremos y optimicemos los tres tipos básicos de relaciones que el ser humano mantiene:

- Relación con su cuerpo físico, comida, higiene, cuidados…

- Relación con los demás, sociedad…

- La relación más importante y que condiciona las dos anteriores, la relación consigo mismo, esta es la relación más íntima.

¿Cómo te relacionas con tu cuerpo?

¿Cómo te interrelacionas con los otros?

¿Cómo te relacionas contigo mismo?

El ejemplo del ordenador como modelo del cerebro humano nos indica por qué muchas veces cambiar una conducta o hábito, incluso perjudicial para la salud como el tabaco, resulta tan difícil.

Por lo general, intentamos cambiar un hábito (dejar de fumar, beber o comer en exceso, por ejemplo) a base de pura voluntad, deseándolo y con una vaga esperanza de poder conseguirlo.

La mente consciente formula el propósito de adelgazar y cambiar de régimen alimenticio a partir del año nuevo, después de los atracones de Navidad.

Luego pasan los meses y no sólo no adelgazamos, sino que engordamos más y mantenemos el mismo tipo de hábitos sedentarios. ¿Qué ha pasado? ¿Por qué no somos capaces de llevar a buen término un propósito que nos hacemos conscientemente y con toda seriedad en un momento dado?

De entrada diremos que simplemente es porque no hemos tenido en cuenta los intereses de la mente inconsciente.

¿Cómo interactúan tu consciente y tu inconsciente?

Ésta, la mente inconsciente, no ha sido informada del propósito de cambio de la mente consciente. Y como el inconsciente tiene más contenidos y de más peso que el consciente, pues al final hacemos y nos comportamos en función de los programas y demás funcionalismos almacenados en dicho inconsciente.

De nada sirve enfadarse o introducir una y otra vez las mismas antiguas instrucciones. Si queremos un verdadero cambio positivo y saludable, debemos aprender a introducir nuevas instrucciones a nuestros programas, exactamente donde sean necesarias.

Hay programas que no debemos cambiar, pero otros programas obsoletos sí deben ser cambiados.

Se puede descubrir qué significa el cambio en la estructura psicológica y por qué se producen resistencias al mismo.

Podemos aprender mucho de la resistencia al cambio, de las actitudes y esquemas mentales, de los hábitos adquiridos. La modificación de los hábitos, de las tradiciones y normas sociales supone un camino de aprendizaje. Es muy beneficioso explorarlo y conocerlo, buscar siempre un cambio a mejor.

Recogida de información

Versión libre de P. J. Hawkins.

Pedir al cliente/a que se siente y ponga cómodo/a…

A continuación que defina con meridiana claridad el objetivo o meta a conseguir, es decir, que nos diga cuál es el motivo que le ha impulsado a venir al gabinete.

Pero que, por ahora, se centre sólo en lo que sí quiere…

Formulación de preguntas:

¿Quién te ha derivado a este gabinete?

¿Cuáles son las motivaciones que te han llevado a buscar ayuda para tus síntomas actuales?

Con tu problema y síntomas actuales, ciertamente estás limitado/a en tu vida… ¿correcto?

Tal vez hay cosas que podrías hacer, o desearías hacer, pero no las haces… ¿correcto?

Entonces, esto significa que esas cosas o necesidades… las realizan o satisfacen otras personas por ti… ¿cómo lo ves tú?

¿Por qué estás buscando tratamiento a través de la hipnosis en este momento particular?

¿Desde cuándo estás experimentando estos síntomas o problemas… meses… años…?

¿Existen algunos momentos… días… semanas o meses… en los que el problema mejora…?

Si dice que sí…

Bien, ahora deja que tu memoria regrese... a algunos de esos momentos o etapas... en que te encuentras mejor... tómate un tiempo y con la ayuda de tu mente inconsciente regresa al pasado...

Recuerda algún momento concreto... evoca todas esas imágenes... pensamientos... emociones... sentimientos y sensaciones corporales de cuando te encuentras mejor...

¿Qué sientes?

¿Qué hace que estés mejor?

¿Qué ves, cómo suceden las cosas?

¿Cómo respiras?

Óyete hablar en esas situaciones...

¿Cómo te mueves?

¿Dónde estás y con quién?

Cuando hayas recordado lo suficiente, dímelo...

Es decir, lo que tú haces y cómo lo haces tiene una determinada estructura, por lo tanto, conociendo esa estructura, es decir, esos patrones de comportamiento, es posible cambiarlos por otros distintos y más realistas para tu vida actual.

Bueno, esto quiere decir que en algún nivel de tu mente... tienes recursos y capacidades para sentirte mejor...

¿Estás de acuerdo?

Bien, ahora dime: ¿qué recursos o habilidades crees que debes desarrollar ahora para facilitar el logro de tu objetivo?

Bien... en todo caso... déjalo grabado en tu memoria... como hacemos cuando lo guardamos en el archivo de un ordenador... tu mente inconsciente sabrá que hacer con esos recursos y experiencias...

Bien y ahora dime si hay algún momento, lugar, contexto, situación o experiencia especifica que haga empeorar o mejorar el problema...

Muy bien y ahora... vamos a hacer algo muy interesante: en una escala analógica visual, del uno al diez... siendo uno muy poco o un nivel muy bajo y diez alto o muy elevado, ¿en qué nivel del problema te encuentras al día de hoy?

Bien y ahora dime: ¿tienes tú alguna historia particular, recuerdos o experiencias de tu pasado que, de alguna forma, puedan explicar el porqué de tu problema? Realmente no tiene que basarse en hechos absolutos o en la evidencia, pero es tu percepción, tu visión personal y hay que tenerlo en cuenta... realmente tú siempre sabes más que nadie y que yo mismo, acerca de tu problema y cómo te condiciona...

Esta recogida de información modelada de Peter J. Hawkins es básica para crear desde el inicio una posición clara y definida de cómo se realizará el abordaje terapéutico.

Lo primero es saber qué quiere el cliente, para no andar en divagaciones; el objetivo específico de lo que sí se quiere.

Lo que no se quiere, es decir, el problema, ya se tratará más adelante.

Recabar amplia información permite al profesional hacerse una idea y saber más o menos cómo y de qué manera puede ayudar acompañando al cliente a resolver su problema. Digo más o menos, porque siempre pueden surgir imprevistos dada la complejidad de la mente humana.

Por eso el profesional deberá ser muy flexible, no tener ninguna teoría de antemano para no limitar sus posibilidades de utilizar cualquier estrategia, sin miedo a salirse de los patrones marcados por su escuela. Por ejemplo, si uno sigue la escuela cognitiva conductual, no verá el problema ni al individuo que tiene enfrente, sino que se hará una idea o imagen mental de lo que le han enseñado sobre lo que es una persona y cómo debe ser tratada en terapia.

Milton Erickson:

"La visión del mundo de cada persona es tan única como sus huellas dactilares. No hay dos personas parecidas. No hay dos personas que entiendan la misma frase de la misma manera... Por lo tanto, al tratar con la gente, intenta no adaptarla a tu idea de cómo debería ser...".

Hay que ser consciente de que ese problema tiene distintas fases: unas veces está más presente y le afecta más, otras menos y tiene menos poder, es decir, no siempre le afecta tanto y hay ocasiones en las que pierde fuerza.

¿Qué es lo que conservo, suelto y creo?

Dice Marianne Costa que queremos mejorar pero no cambiar, ya que cambiar es morir...

La primera pregunta que Milton Erickson hacía a algunos de sus pacientes cuando se presentaban en la consulta era:

"¿Está usted dispuesto a hacer cualquier cosa para conseguir el cambio?".

Si el paciente decía que no, o dudaba, Erickson le despedía diciéndole que volviera cuando estuviera dispuesto a ello.

"Le pregunté a un alumno: '¿Cómo harías para ir de este cuarto a aquel otro?'. Me respondió: 'Primero hay que pararse, luego dar un paso hacia adelante...' Lo detuve y le pedí: 'Dime todas las formas posibles para ir de este cuarto al otro'. Enumeró: 'Se puede ir corriendo, caminando, saltando, a brincos, dando vueltas de carnero... Uno puede llegar hasta esa puerta, salir de la casa, entrar por la otra puerta y dirigirse a ese cuarto. O bien, si uno quiere, puede saltar por la ventana...' Le dije: 'Ibas a incluir todas las formas posibles, pero cometiste una omisión, una importante omisión'.

Normalmente yo empiezo por dar el siguiente ejemplo: 'Si quiero pasar de este cuarto a aquel otro, salgo por la puerta, tomo un taxi hasta el aeropuerto, compro un pasaje a Chicago, Nueva York, Londres, Roma, Atenas, Hong Kong, Honolulú, San Francisco, Chicago, Dallas, Phoenix, vuelo en una limusina y entro por el patio de atrás, paso la puerta trasera, y de la habitación del fondo paso a ese otro cuarto. ¡Y tú sólo pensaste en ir hacia adelante! No se te ocurrió ir hacia atrás, ¿no es cierto? Tampoco se te ocurrió gatear'. Mi alumno agregó: 'Ni deslizarme sobre mi estómago'. ¡Nos limitamos tan espantosamente en todo lo que pensamos!".

Un modelo para la salud y el desarrollo personal

Modelado libre de: Roger P. Aller (Guiones y estrategias en hipnoterapia, Edit. Biblioteca de psicología), Francois J.Paul Cavallier (Edit. Los libros del comienzo), Joseph O'connor y John Seymour (Introducción a la Programación Neurolingüística) y Bandler y Grinder (Trance Formate, Edit. Urano).

Bien y ahora cierras los ojos... deja el cuerpo confortablemente relajado... siente y percibe tus ojos detrás de los párpados cerrados... como si estuvieran vueltos suavemente hacia adentro y arriba de tu cerebro... hacia un punto donde simplemente desaparecen... como si no existieran... así no te molestarán los estímulos exteriores...

Muy bien, y ahora comienza por apreciar los puntos de apoyo de tu cuerpo sobre el lugar donde descansas... descansando ahí sobre ese cómodo sillón... siente tu cabeza apoyada a nivel de la nuca en el respaldo del sillón... bien, aprecia tu cabeza suelta y relajada... simplemente sobre ese respaldo a la altura de la nuca... y poco a poco, vas sintiendo los hombros... la espalda... y los brazos flojos y sueltos... caen a lo largo del cuerpo... los codos... y las manos también descansan...

Ahora simplemente respira... Sí, respira... porque donde está tu respiración está tu vida y en ningún otro lugar, simplemente respira...

Tiempo

Percibe la pelvis apoyada en los glúteos... y la parte baja de la columna vertebral... sintiendo ahora las piernas apoyadas en los muslos... aflojando las pantorrillas... descansan los pies apoyados sobre los talones...

Y así fluye todo tu cuerpo como fluye tu respiración... como las aguas de un río frescas y cristalinas corriente abajo... como esa hoja desprendida de la rama del árbol arrastrada por la corriente...

Y simplemente respira, sí, respira... porque donde está tu respiración está tu vida y en ningún otro lugar... sí, respira...

Así te abandonas a tu propio peso... y vas apreciando las modificaciones aportadas por esta sencilla posición relajante... y vas tomando conciencia del contacto de tu ropa con el cuerpo... si lo haces así, esta percepción permitirá mejorar tu concentración... ahora describe mentalmente con placer este contacto...

Y ahora estableces una pausa... un alto en el camino... orientándote a tu interior... imagínate que es como un reencuentro con un viejo/a y querido/a amigo/a... alguien a quien hace mucho tiempo que no ves... es un reencuentro contigo mismo/a... te reencuentras con tu propio yo... es como si estuvieras delante de un espejo y vieras tu propia imagen reflejada en ese espejo... observa detenidamente esa imagen de ti mismo/a...

Y ahora pregunta a la imagen como si escucharas el eco de tu propia voz...

¿Qué me tienes que decir?

¿Qué información puedes darme?

¿Qué necesito saber ahora?

Bien, aguarda la respuesta, cuando llegue el momento la recordarás...

Bien y ahora formula igualmente otra pregunta...

¿En qué puedo ayudarte?

¿Qué necesitas que yo haga por ti?

Espera la respuesta, cuando llegue el momento la recordarás...

Y ahora vas tomando conciencia de los pequeños músculos de la cara... frente y cuero cabelludo... deja que la boca se relaje... afloja la lengua permitiendo que descanse sobre la base de la boca... afloja toda la cabeza... déjala ahí... abandonada y relajada...

Abandona las actitudes... las máscaras... aprecia bien las modificaciones aportadas por la distensión de la piel y los músculos relajados...

Cuando exhalas... tu cuerpo se relaja y afloja más y más profundamente... toma conciencia de la cabeza sobre el cojín... y aprecia la superficie de la nuca que está en contacto con el respaldo del sillón descansando... deja en libertad tus hombros... déjalos sueltos y flojos liberando tensiones innecesarias...

Siente todo el cuerpo abandonado en el plano en que te encuentras tumbado/a... y también tu cuello se afloja... aprecia esta parte de tu cuerpo y aprende a relajarte profundamente... luego deja estar a tu espalda relajada... suelta y libre de toda tensión... libre de todo malestar... imagina a tu espalda completamente libre, suelta y relajada... incluso la parte lumbar... toda la columna vertebral floja y libre... y tus riñones generalmente arqueados y tensos se aflojan abandonados... siente los puntos de apoyo de tu cuerpo hundiéndose sobre el sillón... y así experimentas una respiración más profunda y relajante... poco a poco al exhalar vas sacando las tensiones y toda ansiedad residual... déjalo marchar junto a los deshechos de la respiración...

La correcta respiración se convierte en un proceso terapéutico: se trata de liberar las armaduras que bloquean la respiración. Estas corazas están compuestas de los conflictos psico–emocionales y de los bloqueos energéticos y físicos. Así vas tomando conciencia de cómo respiras. Si disuelves estas armaduras, recuperas la respiración natural; la respiración es un proceso que se halla entre lo corporal y lo emocional, de modo que un conflicto o situación emocional negativa, un miedo por ejemplo, contrae la musculatura respiratoria, especialmente la del plexo solar, y forma una coraza muscular que restringe el libre flujo del aire.

El problema respiratorio viene causado por un conflicto psico–emocional que altera el cuerpo y, a su vez, la respiración. Hay una semiología de la respiración que vincula directamente la respiración con el ego, persona, alma y espíritu; en algunas lenguas, sobre todo en las antiguas, la raíz de la palabra respirar es la misma que se emplea para designar al yo experimentador.

La respiración es, en términos generales y por extensión, sinónimo de hálito, soplo, pneuma, prana, persona, ego, alma... cuando la respiración abandona a la persona, adviene la muerte, el yo desaparece y el espíritu abandona el cuerpo. De ahí la importancia de la respiración en el ser humano, porque es vínculo entre el cuerpo y el yo: sin oxígeno, la vida no puede existir sobre el planeta. La respiración profunda, oxigenando el organismo, permite llenarlo de energía vital que relaja física y mentalmente.

Al desbloquear la respiración devuelves la salud a tu cuerpo, experimentas liberación en la opresión crónica en la boca del estómago y respiras más amplia y profundamente, experimentando calma y tranquilidad, llenándote de oxígeno, energía y amor a la vida.

Al exhalar aflojas las tensiones residuales de la espalda y hombros. Respirando lenta y profundamente todos tus órganos internos empiezan a funcionar mejor, el estómago, la vesícula biliar, los problemas asmáticos se reducen, se disuelve las molestias en la cabeza, mejora la circulación de la sangre, especialmente en las manos y en los pies.

Respira profunda, poderosa, calmadamente... así te sientes más revitalizado/a y los niveles de ansiedad se van normalizando... sí, respira... por que donde está tu respiración, está tu vida y en ningún otro lugar, simplemente respira...

Y así tu cuerpo se libera con cada exhalación que das... liberando más aún todas las tensiones y todos los malestares con los que has decidido acabar, porque ya no tiene sentido mantenerlos... a cada nueva exhalación te abandonas... al aflojar la espalda... relajas también el tórax y el pecho... y puede que tal vez empieces a darte cuenta que tu respiración se hace más libre... más profunda y poderosa... inhalas y te llenas de energía, oxígeno y amor a la vida... exhalas liberando preocupaciones, ansiedades y todo malestar... liberando todo el cuerpo... te das cuenta de que el aire entra y sale más fácilmente... si ahora dejas en libertad los músculos abdominales... tu vientre y especialmente tu cintura... se relajan más fácilmente... profundamente...

Todo eso aporta una respiración más amplia y profunda... total... torácica y abdominal a la vez... tu vientre respira al ritmo del tórax... fija ahora la atención en los brazos y siéntelos sueltos y flojos... aprecia los puntos de apoyo de tus brazos que descansan pesadamente... de tus manos... quizá sientas una especie de hormigueo en los dedos de las manos... deja todo el cuerpo abandonado... que caiga por su propio peso... aprecia sus puntos de apoyo y el contacto con la ropa... ahora intenta determinar el peso de tu cuerpo a nivel de tus brazos... tus brazos tienen un determinado peso... trata de calcularlo... y así esta baja de tono muscular entraña una mayor flojedad de los músculos de la espalda... y sientes la relajación como desciende hasta los pies... incluso te permite una mejor circulación de la sangre por todo tu cuerpo... te oxigenas más... te relajas y abandonas más profundamente al descanso y bienestar... calor y relax... descanso...

Y quizá sientas esas pequeñas pulsaciones en los dedos de las manos... o tal vez en los dedos de los pies... mientras tus brazos continúan relajándose y se van regenerando... deja también estar a su aire a tu pelvis... nalgas... vientre... y los músculos del perineo... prosigue relajando tus piernas... siempre del mismo modo... es decir, fijando tu atención en las mismas... intenta verlas mentalmente... y déjalas abandonadas a su propio peso...

Y así en estos minutos iniciales estas aprendiendo cómo relajar tu cuerpo... aprendes también a respirar más profundamente... y te das cuenta de la importancia de tu actitud mental y el ambiente apropiado para una correcta relajación... incluso es posible que descubras que los estados emocionales negativos, tales como el odio, la ira o el resentimiento, pueden dificultar seriamente tu posterior visualización...

¿Para qué mantener esas emociones negativas? ¿Las necesitas para algo?

Y así... a medida que escuchas mi voz... se va modificando tu respiración... tu presión arterial... el tono muscular... el tono muscular y visceral disminuyen y hay una agradable distensión mental y corporal... logrando bienestar y sosiego de tu mente...

Tu pensamiento se calma... y la sangre fluye más intensamente a la zona del córtex cerebral... y luego retorna a las capas profundas del cerebro... subcórtex... activando los mecanismos fisiológicos, aportando una mayor vitalidad...

Poco a poco... tu mente alcanza una mayor concentración... tu cerebro puede emitir una gran cantidad de ondas alfa, asociadas a la relajación y bienestar interior...

También se potencia el nivel de sugestionabilidad... y alcanzas un agradable y positivo aislamiento del medio ambiente... los ruidos externos dejan de molestarte... así te orientas más profundamente en tu interior... te disocias de todo lo que te rodea excepto de mi voz...

Y respiras... sí, respiras... por que donde está tu respiración está tu vida y en ningún otro lugar...

Quizá te preguntes qué se logra con la distensión muscular... simplemente una mayor y agradable pesadez que te permite descansar más profundamente... o qué consigues con la vaso dilatación... pues agradables sensaciones de calor que recorren tu cuerpo... o quizá te preguntes: ¿a dónde conduce todo esto?

Simplemente presta atención... sentirás una agradable y saludable regularización de la respiración... la frecuencia cardíaca se regulariza armoniosamente también... irás alcanzando una mayor facultad de adaptación y serenidad ante los sucesos estresantes de la vida diaria... mejor conciencia de los mecanismos internos... mayor equilibrio físico y psíquico... una acción sobre la zona de tu cerebro llamada hipotálamo... así como una importante actividad alfa y theta... en fin... se produce una mayor acción terapéutica sobre problemas diabéticos... alergias... insomnio... disfunciones sexuales... estrés y sus consecuencias...

Poco a poco experimentas una respiración más tranquila y profunda... más relajante... el ritmo cardíaco se ralentiza... se equilibran las respuestas a nivel del hipotálamo...

Todo lo que piensas... imaginas o sientes... impregna poderosamente tu subconsciente... tu mente se vuelve más receptiva y más creativa... los recursos y habilidades despiertan a otro nivel... posibilitando que las potencialidades de tu mente despierten sus recursos de curación y sanación...

Esta relajación beneficia los funcionalismos de tu corteza cerebral llamada neocórtex... y esto es muy importante... piensa que esa zona es la que percibe... juzga... reflexiona y dirige los movimientos... es sede de la inteligencia y en general de las necesidades específicamente humanas... fíjate si la relajación del neocórtex es importante... que ahí se encuentran los lóbulos frontales que se encargan de las funciones humanas tales como la voluntad, los sentimientos y la capacidad de prever...

Y así, poco a poco... cuanto más escuchas mi voz... te adormeces y relajas más profundamente... alcanzando esas zonas del tálamo que es sede de los mecanismos homeostáticos... te aflojas y descansas... y sientes cómo se va armonizando el control del sistema nervioso autónomo... y también tu sistema endocrino, que controla el funcionamiento de tus órganos internos...

Exhalar larga y profundamente... regulando la sede de los instintos... esa zona se encarga de lo que es necesario para la vida y especie... la alimentación... las pulsiones sexuales... el sueño... la vigilia... las necesidades de grupo... las relaciones de placer o disgusto que acompañan a la satisfacción o frustración de las necesidades y de las emociones como el miedo... cólera... irritabilidad...

Y así... quizá percibas el peso y temperatura global de tu cuerpo... o quizá sientas mejor todo el lado derecho de tu cuerpo... y al exhalar de nuevo te relajas y aflojas más placenteramente... aunque tal vez sea el lado izquierdo el más relajado... o más adormecido y abandonado...

Aunque no me sorprendería que descubras los pies... o los dedos de los pies muy adormecidos o relajados... cálidos y calientes dentro del calzado... no sé... pero no importa... en todo caso... cuando tu cerebro emite ondas alfa o theta... la actividad de tu intelecto adquiere la posibilidad de transformar ciertos comportamientos negativos en positivos... y así influyes sobre todo el cuerpo... pues los mensajes pasan por el sistema límbico, que es esa parte de tu cerebro que interviene en el control vegetativo... así determinas nuevas respuestas emocionales y fisiológicas... quiero que seas consciente de todo eso... simplemente...

Muy bien y ahora... focaliza la atención... deja que tu cuerpo descanse plácidamente sobre el sillón... aflójalo todo lo que puedas y déjate llevar por mi voz... puedes llevar la atención simplemente a la respiración...

Sintiendo cómo sube y baja tu pecho... inhalando y exhalando... puedes aprovechar la inhalación para llenarte de oxígeno, energía y amor a la vida... y luego... exhalar las tensiones y toda ansiedad residual de tu cuerpo...

Y así, cada vez que exhalas... te hundes más y más... aflojando el cuerpo... liberando todo malestar... dejando que se vaya junto a los deshechos de la respiración... expulsando lejos de ti aquello con lo que has decidido acabar... problemas y emociones negativas...

Todo fuera... todo malestar... todo pensamiento negativo y recurrente fuera... todo va saliendo a cada nueva exhalación y sientes por dentro esa liberación... esa limpieza y bienestar... y simplemente intentas apreciar esta profunda y agradable pesadez y abandono de todo tu cuerpo...

percibe la atracción terrestre y ese agradable calor progresivo que se percibe particularmente a la altura de los tobillos y luego de las rodillas... mientras se desinhibe y afloja todo el cuerpo...

Y así puedes permitir que se equilibre tu sistema nervioso... quizá descubras más tarde cómo tu mente se calma profundamente concentrada... para ello basta con que dejes sumir tu cerebro en ese nivel de conciencia entre la vigilia y el sueño... ese estado crepuscular o de trance hipnótico agradable y creativo...

Evoca ese adormecimiento que ya te resulta familiar... imagínate bajando tranquilamente a una zona que puede parecer al principio más sombría... por el hecho de la convergencia de los glóbulos oculares hacia arriba... un poco como si estuvieras mirando hacia arriba y adentro... hacia un punto donde simplemente desaparecen... o tal vez hacia abajo... como si miraras la punta de la raíz de tu nariz... esta impresión de descanso... puedes apreciarla cada vez más con cada nuevo aliento que das y a cada nueva respiración... al exhalar por tus fosas nasales... vas liberándote más...

Y simplemente te sumerges en tu universo de paz y calma interior... otra cosa que tal vez experimentes es que los sonidos exteriores dejan de molestarte... por el contrario pueden servir de punto de apoyo algo así como punto de referencia... percibe la calma que se filtra en el interior por la relación con los sonidos y la agitación exterior... de tal modo que cada vez que exhalas el aire... te dejas descender un poco más profundamente... desciende hasta el borde mismo del sueño... entra en contacto más estrecho íntimo con tu cuerpo... ahí relajado/a... tumbado/a y hundiéndote más y más abandonado/a...

Aprecia la armonía entre tu cuerpo y tu mente... permanece así algunos minutos a la escucha de ti mismo/a... y cada vez que practiques este método... no sólo permitirás a tu cuerpo aflojarse plácidamente como lo haces ahora a cada exhalación... sino que equilibrarás también tu sistema nervioso...

Y sobre todo dinamizarás tu capacidad de dominio y de lucidez... aumentarás tu potencial... tu creatividad... y quizá te des cuenta de cómo, al ritmo de tu respiración, también se armonizarán los latidos de tu corazón...

O simplemente tengas, cuando menos lo esperes, una sensación como de flotar, de elevación en el espacio o una profunda sensación corporal de libertad y relajación total... tu cuerpo abajo adormecido... tal vez pesado y abandonado... y tú, simplemente, como una mente o espíritu, flotarás en el espacio circundante... libre y sin ataduras... libre en tu cuerpo... libre en tu respiración y en tu mente...

Es bueno saber que, mientras estás tumbado aquí, puedes darte cuenta de que hay muchas experiencias que has disfrutado y experimentado en muchas ocasiones... tal vez tú has comido hoy... y mucha gente lo ha hecho también... aunque a veces... prescindes de una comida... y tal vez tú has tenido alguna cosa hoy que tuviste antes... tal vez algún día de la última semana... o de la semana anterior... y tú probablemente tendrás la misma cosa nuevamente a veces la siguiente semana de la semana después de esta...

Y tal vez este día de la última semana... si es que había entonces esto que tú comes hoy... era un día entonces... como este día de hoy es ahora... en otras palabras... esto que había entonces... tal vez es como lo que hay ahora... tal vez era un lunes como hoy... o un martes... no sé... y puede ocurrir en el futuro que se coma nuevamente en un lunes o martes... aunque el miércoles no hay por qué excluirlo... aunque está en la mitad de la semana... ¿y qué significa realmente estar en la mitad de la semana?

No lo sé realmente... pero sí sé que al principio de la semana... el domingo viene antes del lunes... el lunes antes del martes... el martes después del domingo... pero cinco días antes...

Cada cosa tiene su tiempo y su lugar... un momento para nacer y otro para morir... un tiempo para dormir y otro para despertar... un tiempo para trabajar y otro para descansar... un tiempo para sembrar y otro para recoger la cosecha...

Cada cosa a su debido tiempo y en su lugar... y ahora es un tiempo para que tú te reencuentres contigo mismo/a... estableces una pausa... un alto en el camino... es como si te encontraras con alguien especial y muy querido/a... con una persona a la que hace mucho tiempo que no ves... con tu verdadero yo... o al menos una parte muy esencial de ti mismo/a...

Muy bien... y cuando hayas completado esa tarea... y sólo entonces... vuelves a seguir mi voz... ahora sigues por el sendero de la vida hasta pasar una pequeña colina y bajas hacia la playa... mientras observas las gaviotas... fíjate lo fácil que es volar y elevarse por encima de los problemas...

Tú también puedes aprender a levantar el vuelo... a planear por encima de las preocupaciones terrenas... déjalas allá abajo... lejos, muy lejos... planea sobre ellas... desde esa altura te sientes libre... volando completamente libre... y vas soltando todo lastre... suelta todo peso... libérate... y te sientes más y más libre... así puedes elevarte y volar...

El peso que sueltas son los problemas y preocupaciones... cosas del pasado que ahora decides abandonar... déjalos que se vayan... deja que desaparezcan de tu vista... mira cómo desaparecen bajo la superficie del mar... el mar se los lleva al fondo... y tú vuelas y te elevas más y más libre... libre... la naturaleza se encargará de ellos... y tú flotas y te elevas sostenido/a por la naturaleza... en pleno vuelo libre...

Disfrutando de estos momentos de total libertad... sintiéndote completamente sostenido/a... mientras vuelas y flotas por encima de todo... allá abajo las cosas son muy pequeñas y distantes... insignificantes ante la inmensidad del espacio... lo puedes ver todo simultáneamente desde otras perspectivas diferentes...

Tiempo

Y cuando ya estés dispuesto/a... vete descendiendo suavemente acercándote a la playa... desciende más y más... suavemente hasta que tus pies se posen suavemente sobre la cálida arena de la playa... siéntela bajo tus pies... muy bien, ahora estírate... respirando profundamente absorbiendo la energía de la tierra y del sol... cargándote de oxígeno, energía y amor a la vida... respira la fresca brisa del mar... siéntela sobre tu cara... escucha los sonidos del mar... el oleaje...

el flujo y reflujo de las olas del mar... la temperatura... una vez más ábrete hasta la última célula a la luz... a la vida... al amor... y respira, sí, respira... porque donde está tu respiración está tu vida y en ningún otro lugar, sí, respira...

Y más tarde, cuando abras los ojos, míralo todo con una mirada diferente...

Sabiendo que tu inconsciente colabora con nosotros/as a la hora de aportar libertad, salud, curación y bienestar a tu vida...

Y simplemente respira...

Si nuestro inconsciente ha aprendido determinadas costumbres y mantiene ciertos hábitos o patrones de comportamiento y lo hace bien a través de los años, ¿por qué no ensayar otras conductas que funcionen igual de bien pero más saludables?

El disco duro puede ser formateado y crear otro programa. Si el cerebro aprende una cosa como una fobia o aprende a sentirse inferior, puede aprender cómo sentir confianza y seguridad en sí mismo.

El cerebro es como el ordenador: le da igual el programa que el informático establezca en su disco duro. A dicho informático (a ti o a mí) sí debería importarnos, al ordenador–cerebro le da igual. Debemos explorar las herramientas para el cambio en la estructura mental. Todo lo que hacemos, sentimos y pensamos, tiene una determinada estructura. Conocerla nos brinda la oportunidad de cambiarla cuando ya no sirve a los fines de nuestra vida actual.

Valorar la necesidad del cambio y creer que sí podemos y debemos realizar el cambio que necesitamos, esa es la primera necesidad. Creer en nosotros/as mismos/as. Debemos. Podemos y queremos ese cambio. Creer que nos lo merecemos.

Un ordenador tiene el correspondiente manual de instrucciones que indica cómo realizar el pertinente cambio. Un ser humano puede ser construido o más bien reproducido, por sujetos que no están cualificados. Nadie nos programó en el manual de instrucciones pertinentes. Estos modelados te ofrecen explorar y conocer el manual de tu ordenador–cerebro.

Antes te diré algo muy interesante, una buena noticia: tu cerebro aprende rápido y bien.

La mala noticia es que lo mismo que aprende cosas buenas para ti y tus objetivos personales, también aprende muchas tonterías y disparates que te complicarán o que limitarán tu vida.

Probablemente tendrás en tu casa un ordenador. También tendrás muchos programas: un tratamiento de textos, algún programa de dibujos, juegos, vídeos o artículos de interés, etcétera. Mucha gente aprende a manejar alguno de estos programas. Otros no los manejan o, incluso, ignoran que existen esos programas y contenidos en su propio ordenador (cerebro).

Su propio cerebro–ordenador está infrautilizado. Viene algún experto informático (terapeuta) y nos enseña que tenemos muchos más y mejores programas que no hemos utilizado o que utilizamos por debajo de las prestaciones que nos ofrecen.

La mayoría de las personas no solo no saben manejar todos sus programas adecuadamente, sino que, además, tienen otros sin programar para el logro de objetivos específicos. Es decir, tienen un ordenador–cerebro que manejan superficialmente y muy por debajo de sus posibilidades o capacidades.

El informático experto saca el máximo rendimiento del ordenador y de todas sus prestaciones. Claro está que se ha tomado tiempo y energía en aprender a manejar su propio ordenador–cerebro. Nada se le ha dado regalado.

Hay personas que aprenden a manejar alguna área de su vida, son expertos contables, relaciones públicas o buenos conductores de autobús, o incluso buenos gestores de empresas. Viven prácticamente su vida creyendo que eso es para lo único que sirven. Se acostumbran a desarrollar un área de competencia. Prácticamente no saben cómo cambiar sus programas mentales para desarrollar otras áreas.

¿Qué hacemos cuando el ordenador tiene algún programa con el que no puedes trabajar? Rápidamente lo llevamos a revisar.

Pero cuando se trata de nuestro propio cerebro, aunque no funcione bien, a nadie se le ocurre pensar que esta funcionando con un programa atrasado o limitante.

Es decir, un programa que alguien grabó y con el cual estamos viviendo muy por debajo de nuestras capacidades. Cualquier persona común y corriente, no solamente no se plantea esto, además ponen disculpas, se excusan cuando se ven incapacitados para cambiar el programa mental.

Dicen que siempre han sido así y ya no pueden cambiar, o que es cuestión de herencia familiar. Que no tienen inteligencia suficiente.

Cualquier limitación, tanto de un ordenador como de una persona, se encuentra básicamente en los programas establecidos en el disco duro.

Pero es cierto y de toda verdad que en los últimos años las diferentes psicoterapias han evolucionado muchísimo en ahorrar tiempo y dinero a las personas que acuden a ellas. Recordemos que, desde los tiempos de inicio del psicoanálisis de Freud, se han necesitado de meses y hasta varios años para curase de algún trauma o problema, casi siempre originado en la niñez.

Más adelante, la terapia breve no duraba más allá de seis meses.

Ahora, la hipnosis, en perfecta combinación con la PNL, permite que cualquier terapia resulte más eficaz y eficiente. Estudios de meta–análisis sobre el uso de la hipnosis lo evidencian con toda claridad.

Muchas fobias, miedos y problemas de igual naturaleza apenas necesitan una sesión o dos de una hora aproximadamente de duración para ser curados, logrando que las personas afectadas se vean libre des tales programas aprendidos indudablemente y grabados en el ordenador–cerebro.

Para cualquier persona con un mínimo de cordura y madurez, lo importante no es el tiempo. ¿Para qué tenemos prisa? ¿Para llegar a dónde? ¿Para qué es buena la prisa?

Ahora bien, la relativa rapidez en solucionar problemas, que en otras terapias no existe y hace que éstas se prolonguen durante meses y meses, tiene importancia porque implica que estamos conociendo el verdadero diseño de los programas de la mente: estamos explorando, manejando y utilizando las potencialidades de la mente inconsciente para resolver problemas y alcanzar objetivos.

Primero, cambiar lo que queremos; para ello necesitamos cambiar el modo en que estamos diseñados para el cambio. Esto depende del nivel de compromiso para cambiar personalmente aspectos que nos limitan y no tienen sentido ya en nuestra vida.

VII

BUENA FORMULACIÓN DE OBJETIVOS EN PNL

Tiene que ser expresado de forma positiva y específica.

Modelado libre de: Roger P. Aller (Guiones y estrategias en hipnoterapia, Edit. Biblioteca de psicología), Francois J.Paul Cavallier (Edit. Los libros del comienzo), Joseph O'connor y John Seymour (Introducción a la Programación Neurolingüística) y Bandler y Grinder (Trance Formate, Edit. Urano).

Las preguntas que se realizarán son:

Estado deseado:

¿Qué es lo que deseas conseguir específicamente?

¿Qué pensarás?

¿Qué sentirás?

¿Qué harás?

El contexto concreto:

¿Cuándo lo quieres?

¿Dónde lo quieres?

¿Qué esperas conseguir?

¿Qué piensas conseguir?

¿Con quién lo quieres?

¿Cuándo no lo quieres?

¿Dónde no lo quieres?

¿Con quién no lo quieres?

Evidencia sensorial de haberlo alcanzado:

¿Cómo te darás cuenta de que has alcanzado tu objetivo?

¿Qué verás y escucharás?

¿Qué te dirás a ti mismo/a o sentirás?

¿Qué percibirán los demás?

¿Cómo lo sabrán los demás?

¿En qué vas a notar que tu vida cambia si tu objetivo se cumple?

¿Qué ocurrirá cuando cumplas tu objetivo?

Dependencia exclusiva de la persona:

¿Es realista alcanzar tu objetivo?

¿Depende exclusivamente de tus actos el alcanzar tu objetivo?

Tamaño:

¿Es demasiado pequeño o demasiado grande?

Recursos:

¿Qué recursos necesitas para alcanzar tu objetivo?

¿Los tienes ya?

Piensa en los recursos que necesitas emplear para alcanzar ese objetivo.

Haz una lista de los recursos principales que ya tienes para alcanzar tu objetivo.

Piensa en qué recursos o capacidades adicionales te pueden ser necesarias y quizá necesites desarrollar.

¿Cómo has elegido tu objetivo – actividad?

Recuerda en qué momentos has utilizado más hábilmente los recursos que ya posees.

Recuerda cómo los utilizaste entonces y cómo puedes emplearlos ahora.

¿Cuál ha sido tu mejor experiencia profesional?

Define cómo puedes desarrollar las capacidades adicionales que consideres necesarias para alcanzar lo que te propones.

Describe qué más necesitas hacer o creer, qué cosas deberías potenciar en tu carácter para poder alcanzar tu objetivo.

Limitaciones:

¿Qué cosas pueden impedirte lograr tu objetivo, ahora mismo o en el futuro?

A pesar de eso, ¿qué te empuja a lograrlo?

Marco Ecológico:

¿Cómo cambiaría o se vería afectada tu vida si lo alcanzas?

¿En qué te beneficias si lo logras?

¿Qué podrías perder al conseguirlo?

¿Cómo se vería afectado tu entorno?

¿Cómo afectaría a tu familia?

¿Cómo afectaría a tu trabajo?

¿Cómo afectaría a tus relaciones?

¿Cuáles serían para ti las mejores condiciones de trabajo ideales?

¿Qué supone para ti una verdadera victoria o fracaso?

¿Cómo defines tú la eficacia?

¿Qué parte le otorgas tú al ocio en tu vida?

Tú has emprendido un proyecto importante:

¿Qué podría evitar que lo acabases?

A pesar de ese obstáculo, ¿qué te motivaría a seguir intentándolo?

Ahora imagina que el obstáculo desaparece, ¿qué te impediría llegar a tu meta?

Imagina que ya has alcanzado tu objetivo, ¿te gustas más o menos?

¿Qué es diferente en tu vida?

¿Qué sigue igual?

¿Qué puedes hacer ahora y antes no?

¿Qué podías hacer antes y ahora no?

Bien, conseguir tu meta ¿te sirve para...?

Beneficios secundarios:

Estado actual ¿qué piensas? ¿qué sientes? ¿qué haces?

¿Qué beneficios obtienes de tu situación actual?

¿Qué pierdes si logras tu objetivo?

¿Estás dispuesto a perderlo?

Visualizar el proyecto:

Piensa en ese proyecto ya conseguido a corto plazo

Imagínalo ya completado

Toma la imagen del objetivo ya conseguido y agrándala

Consigue visualizar una gran imagen mental en la que estés tú presente

Mira con atención todos los detalles y nota de todo lo que ocurre

Disóciate de la imagen y sigue mirándola, pero ahora desde una fase de evaluación

Al mirar la imagen, ¿te sientes satisfecho/a?

¿Tú proyecto es claro y coherente?

¿Tendrías que cambiar algunos elementos de la imagen?

¿Qué le pondrías a la imagen para hacerla más atractiva: color, movimiento, sonido o música, palabras o qué?

Es importante saber si tu objetivo es conforme a tus posibilidades.

A tu meta existencial.

A tu estilo de vida. Tus criterios y creencias.

VIII

PNL: ¡TODA LA VIDA ES UN CONSTANTE CAMBIO!

Todo está en movimiento. Todo es un cambio continuo. Nada permanece eternamente igual sin transformación alguna. Lo que no tiene cambio, lo que se para y permanece igual, muere.

Ahora pensemos un momento acerca de algo muy importante: considera todo lo que podrías alcanzar en tu vida personal y profesional si accedieras al manual de instrucciones de tu propio ordenador–cerebro.

Esta obra sobre autohipnosis y técnicas de PNL explora, enseña y modela la metodología apropiada para que tú conozcas cómo manejar ciertos programas mentales, para que realices aquellos cambios positivos que deseas.

Es decir, cómo abordar determinados problemas y pautas de conducta que ya no sirven y que necesitas trasformar en otras más acordes con tu presente, tanto del cliente/a o de uno/a mismo/a como terapeuta.

A lo largo de este libro, como ya se ha podido comprobar, ofrezco gran cantidad de ejercicios prácticos de hipnosis y de PNL, lo que da la oportunidad de experimentar todas las técnicas en primera persona.

Todo esto también se pueden explorar en cursos y talleres como los que suelo impartir habitualmente en los que, al trabajar con grupos reducidos, existe una supervisión y atención al alumno/a mucho más personalizada y cercana.

A través de la realización de los presentes ejercicios y los realizados en el transcurso de los cursos y talleres aprendes a hacer funcionar tu ordenador–cerebro utilizando los mejores programas.

Aprendes a cambiar tus pensamientos, acciones y sentimientos cuándo y cómo quieras. Cambias con relativa rapidez hábitos y conductas que ya no te sirven, aunque hayas luchado sin éxito por ello durante años.

Ser como siempre querías ser: positivo/a, seguro/a y capaz de afrontar los retos de la vida, actualizando tus recursos y habilidades en el contexto apropiado y según tus objetivos.

Aprender de los errores sin menoscabo de tu autoestima, y seguir adelante enriqueciendo tu vida y tus proyectos de futuro, valorando esencialmente el presente. Los modelos terapéuticos explorados en este libro te enseñan cómo aliviar traumas, generar sentimientos y pensamientos más asertivos, cambiar hábitos mantenidos durante años, resolver conflictos internos y construir nuevas creencias y todo ello con relativa rapidez, la que sea menester para lograr lo mejor para ti y tu proyecto de realización personal o profesional.

Exploradas, practicadas y perfectamente integradas, las técnicas de hipnosis y PNL te permiten lograr:

- Tomar las riendas de tu propia vida aprendiendo a manejar tu propio ordenador-cerebro.

- Generar un proyecto de futuro en el área de tu vida que lo necesite, creando los cambios necesarios para ello.

- Transformar experiencias pasadas negativas en estados de control y seguridad en ti y tus recursos internos.

- Lograr una autoestima saludable y generadora de nuevas posibilidades y oportunidades, mejorando el concepto que tienes de ti mismo/a.

- Conseguir una actitud mental sólida y positiva, accediendo a tu rendimiento óptimo.

- Aprender cómo formular específicamente objetivos, utilizar recursos superando las resistencias y aprendiendo a través de ellas.

¿Qué áreas de tu vida quieres cambiar primero?

Esta metodología protocolaria y sus basamentos teóricos te enseña, paso a paso y a través de programas, cómo utilizar dichas características, descubriendo los buenos usos de la hipnosis y la PNL para acelerar tu capacidad de aprender cómo formatear el ordenador–cerebro y crear nuevos programas.

Algunos psicólogos cognitivos conductuales (y otros de mente obtusa) se plantean cómo es posible aplicar los mismos/as métodos para negociaciones, sentimientos de culpabilidad, autoestima, miedo al público, reacciones alérgicas, complejos y fobias, etcétera.

¿Cómo es posible que los modelos terapéuticos sean parecidos en algunos casos?

La respuesta es muy simple. Un transformador de electricidad alimenta una gran variedad de casas, fábricas, instalaciones diversas. En las casas alimenta distintos aparatos de música, lavadora, radio y televisión, ordenadores o teléfonos. La electricidad es básica en todos ellos.

El cerebro y sus capacidades se diversifican para desprogramar y volver a programar aquello que seamos capaces de formular con el consiguiente plan estratégico. La metodología de la PNL y su coadyuvante hipnótico está a la vanguardia del desarrollo humano.

Se enseña a manejar los fundamentos de cómo funciona la mente, cómo realizar cambios en los viejos programas y cómo generar otros nuevos y más capacitadores de nuevas perspectivas y logro de objetivos.

Aprendiendo a modelar

Modelado libre de: Roger P. Aller (Guiones y estrategias en hipnoterapia, Edit. Biblioteca de psicología), Francois J.Paul Cavallier (Edit. Los libros del comienzo),

Joseph O'connor y John Seymour (Introducción a la Programación Neurolingüística) y Bandler y Grinder (Trance Formate, Edit. Urano).

Quizá quieras mejorar tus relaciones, eliminar la ansiedad, ser más eficaz en el trabajo o en los estudios, o ser más competitivo en el deporte y tener más confianza en tus posibilidades de éxito.

La clave del éxito no está en los músculos, ni en las acciones externas que realices, en principio la clave está en tus pensamientos, en tus creencias. Si crees y piensas que no eres capaz, no lo serás.

Desde luego estás condenado a que se cumpla tu pensamiento. Le estás dando una orden clara a tu cerebro:

"No soy capaz, no lo conseguiré".

Tu cerebro, programado negativamente, obedece y, al final, fracasas.

Eso es lo que tú has programado. Si lo piensas bien, acabas de comprobar el tremendo poder de tu mente, negativamente claro, pero poder al fin y al cabo. ¿O no? Si crees en el éxito, en tus pensamientos y sentimientos dirigidos hacia el logro de tu objetivo personal o profesional, lo conseguirás, sin lugar a dudas.

Cierto entrenador definió muy bien este asunto:

"Ganar en una olimpiada una medalla de bronce es cuestión de una buena preparación física. Ganar una de plata requiere, además de lo físico, una buena técnica. Para ganar una de oro se necesita una buena formulación mental".

Rutina diaria

Ahora te propongo un ejercicio muy elemental: todo lo que hacen y consiguen las personas de éxito en el deporte, en los negocios, en el arte, música, cine, danza o teatro... todo es el resultado de sus hábitos mentales. Todo tiene una determinada estructura. Si es posible conocerla y reproducirla, tú también puedes hacerlo. En general es así. Salvo algunas excepciones particulares.

Ahora examina un momento tu propia vida, todo lo que tú haces y cómo lo haces es fruto también de tus propios hábitos mentales.

Echa un vistazo: evoca cómo te despiertas... cómo vas al aseo... la higiene... cómo te vistes... qué ropa te pones primero y cómo empiezas a vestirte por arriba... por abajo... cómo y por dónde vas al trabajo... cómo trabajas... qué rituales efectúas... con quién y cómo te relacionas... estados de ánimo que tienes a medida que transcurre el día... qué pausas contemplas: tomar un café, fumar un cigarrillo... qué distracciones prefieres...

Eres una criatura de hábitos... una persona que mantienes un patrón de conducta... mira a tu alrededor... todos lo somos... qué comida prefieres... qué caminos sueles preferir para volver a tu casa... tal vez descubras que tu comportamiento y el de todos los demás con los que te relacionas está compuesto por hábitos y conductas repetitivas adquiridas y mantenidas sin cambios apenas... somos patológicamente autómatas...

Sin embargo, estos hábitos o patrones resultan muy prácticos y muy útiles... nos permiten hacer muchas cosas sin tener que pensar en ellas... cualquier situación nueva y sobre la que no tenemos experiencia alguna, nos suele coger desprevenidos y a veces pasamos apuros... simplemente el programa mental no tiene información acerca de cómo afrontarla...

Los ejercicios y patrones de cambio explorados en este libro y en los talleres y cursos que imparto son experimentos creativos del pensamiento... ejercicios de cómo manejar la mente... aprender a manejar nuestro propio cerebro... son ensayos para ver que otros programas son mejores y más productivos en el momento actual... son como juegos de creatividad para explorarlos en el laboratorio de tu mente...

Puedes pensar en ellos como una oportunidad de experimentar algo nuevo y más saludable... así aprendes a hacer las cosas de un modo distinto...

Ponle buen humor... diviértete ensayando y explorando... sorpréndete descubriendo que algunos cambios se dan por sí solos... en cuanto encauzas el pensamiento en una dirección... aprende que es como programar tu GPS del coche... hay tipos que tienen dificultades en programarlo... otros lo hacen fácilmente... descubre tu creatividad... descubre el nivel de compromiso que tienes con tu programa de cambio personal... explora cómo utilizarlo para rendir más en tu trabajo... en tu actividad deportiva... diviértete cuando descubras que te permite mejora tus propias relaciones afectivas y sexuales...

Explorando los programas de la mente

He aquí algunos ejercicios que te demostrarán la facilidad con la que puedes explorar cómo funcionan los programas de tu mente:

Evoca cuando de pequeño/a alguna vez te has montado en alguna atracción, un tíovivo girando... una montaña rusa... o cualquier forma de esas de balancín... tómate el tiempo necesario para sentir de nuevo aquellas sensaciones... aquellas emociones... aquellos sonidos... música... como si estuvieras de nuevo ahí montado en esa atracción de feria...

Luego imagina que la ves desde fuera... desde una cierta distancia... ahora la miras desde un banco sentado y desde una distancia considerable... incluso desde esta perspectiva, puedes verte a ti mismo/a sentado/a allá en la atracción... explora cómo te sientes... qué experimentas... cómo respiras y te mueves desde esta distancia... pásate ahora a tu asiento en la atracción... ahora estás dentro otra vez... siente tus manos aferradas a la barandilla que hay frente a ti... mira hacia abajo... siente cómo desfila rápidamente la escena... nota el movimiento... la vibración... escucha el griterío alrededor de ti... cómo te sientes al experimentar el viaje... desde esa altura mirando hacia abajo... las gentes... las cosas parecen más pequeñas... tú lo ves todo... lo miras... lo sientes desde arriba... desde cierto distanciamiento... por encima de todo eso... fuera y lejos de ti... estás montado/a en esa vagoneta... sientes sus sacudidas... es una experiencia muy distinta a la de imaginar que te ves desde la distancia a ti mismo/a en la atracción...

Ahora analicemos estas dos experiencias:

Son evidentemente dos experiencias distintas y tienen estructuras mentales diferentes. Sentirse sentado arriba, dentro de la atracción, es vinculante y excitante. En PNL se denomina estar asociado/a.

Ahora bien, verlo desde la distancia es relajante y distante o disociado/a.

Cada experiencia que vivimos tiene éstas y muchas otras estructuras experienciales específicas.

Aprender a descubrir estas diferencias y saberlas utilizar es fundamental en PNL. Así puedes manejar parte de la estructura, aprender a explorar qué haces y cómo lo haces, aprender a manejar y controlar los ingredientes de la estructura; si deseas emocionarte con algo tendrás que involucrarte, tanto física como mentalmente. Aprendes a meterte dentro de la experiencia, te involucras asociado/a, tanto física como mentalmente.

Con la metodología hipnótica y abordaje con PNL aprenderás a hacerlo exactamente dónde y cuándo quieras y sea más apropiado para ti y tus fines.

También podemos recordar que todos hemos vivido experiencias en las que nos hubiera venido muy bien algo de distanciamiento, algo de objetividad mental. Haberlo visto o contemplado desde fuera.

Uno, aquí, sentado cómodamente en el banco y viendo a lo lejos aquello que sucedió allí, saliendo de este tipo de experiencias y de las intensas emociones que generan, podrá fácilmente lograr más recursos y más creatividad para tratarlas.

Llegar a ser capaces de utilizar deliberadamente estas estructuras de experiencia constituye uno de los objetivos de este libro.

Seguimos explorando

Recuerda ahora todas las experiencias pasadas positivas que puedas evocar... explora esto, a medida que vas recordando trata de asociarte con todas las experiencias agradables que hayas tenido en tu vida, todo lo que has visto, sentido, percibido sensorialmente... tacto, conocimientos, todo lo agradable...

Y si surge algún recuerdo desagradable, te disocias de él poniendo distancia mental y emocional...

Vuelves a asociarte con las buenas y agradables... así tienes una perspectiva de tus errores desde la distancia, disociado/a de ellos...

Aprendiendo lo que ellos tienen que enseñarte... y a la vez totalmente asociado/a a tus aciertos y experiencias positivas que ahora integras positivamente para afrontar el cambio especifico que estás dando en tu vida, en el área que tú quieres... explora esto, considera la diferencia que ello representa para la calidad de tu vida...

Si te das cuenta de cuán poderoso y positivo podría resultar en tu forma de pensar, sentir y actuar... si lo consigues, es que estás empezando a percibir el poder que la PNL en estado hipnótico te ofrece...

Tómate un par de minutos para despejar la mente de tus preocupaciones actuales... muy bien ahora céntrate en tu respiración... inhalando lentamente por la nariz... reteniendo unos segundos a pulmón lleno y... luego vas soltando el aire lentamente también por la nariz...

Vas repasando las distintas zonas de tu cuerpo donde encuentres tensiones... al inhalar ténsalas un poco más... al exhalar deja que esas zonas se vayan aflojando a medida que sueltas el aire también...

Piensa ahora... evoca una experiencia muy agradable que hayas vivido... algún momento específico de tu vida que realmente desearías vivir de nuevo... ahora mismo... muy bien... cuando consigas un recuerdo específico agradable... nota cómo te sientes... deja que la experiencia se acerque a ti... deja que se haga más brillante y llena de color... cuando lo hayas conseguido... respira profundamente integrando esa experiencia positiva... disfrútala en tu cuerpo... en tus emociones y en tu mente... es tuya y mereces evocarla de la forma que ahora sea más agradable para ti...

¿Cómo te sientes ahora? ¿han aumentado tus emociones?

Deja ahora que la experiencia se aleje... que se haga pequeña y se diluya... que se distancie hasta un punto en que se haga difícil de ver... respira profundamente cuando lo hayas conseguido...

¿Cómo te vas sintiendo?... quizá quieras repetirlo otra vez... y dejar que la experiencia recupere sus características originales... probablemente experimentes emociones agradables... tal vez tu experiencia agradable se intensifique... a medida que la experiencia se acerca... se intensifica notablemente... y disminuyen sensiblemente cuando se aleja...

El cómo ocurre y el porqué ocurre es fundamental para la presente exploración, así es que lo seguiremos explorando a través de más modelados de autohipnosis y PNL.

La mayoría de las personas y, lamentablemente, los psicólogos clínicos en particular, jamás han imaginado que pudieran cambiar tan fácilmente sus emociones sobre las cosas. Es bueno comprobar que éste es un proceso sencillo y fácil de realizar para cambiar las características de las imágenes mentales y emociones que sean perturbadoras y condicionen la calidad de vida de cada persona.

Antes de hacerlo físicamente, cualquier persona puede imaginar que cambia de ropa, de peinado o de coche. O incluso es capaz de imaginar que se va de la ciudad, o que se va de vacaciones a un lugar de veraneo…

Ahora bien, la mayoría ni tan siquiera habrá considerado que pueda modificar deliberadamente su propia mente, es decir, que tenga más control y capacidad de modificación de sus programas mentales.

La persona, por lo general, ni tan siquiera se plantea que pueda tener este autocontrol y, por lo tanto, vive gran parte de su vida condicionado por estos programas negativos desde la infancia: el guión que sus padres y mayores escribieron directa o indirectamente para que él/ella lo interpretara.

Ocurre como en el cine o teatro: uno puede ser el héroe o el villano, el rico o el pobre, el listo o el tonto perverso, según el papel que otra persona escriba para nosotros/as.

Ahora bien, cualquier actor puede cambiar de papel. A veces hay actores que están encasillados en un tipo de personaje: como el pobre desgraciado, el malévolo que siempre se gana el odio de los espectadores, la niña buena e inocente, el chulito del barrio, la pícara que seduce sexualmente o el miserable político o empresario que explota al ciudadano o trabajador.

Eso mueve y agita emociones entre los espectadores, pero todo es una trama inventada, todo es falso y mentira, ya que nadie es bueno o malo totalmente. Y, lo más importante de todo esto, se puede dejar de ser el malo y hacer papeles de bueno, se puede ser en una película el obrero explotado y en otra el empresario que genera trabajo y calidad de vida a sus empleados.

Y en la pantalla se muestra cómo influenciar negativa o positivamente sobre el ánimo del espectador. Si se quiere provocar miedo o terror, se oscurecen las imágenes y se pone una música tétrica o espeluznante con primeros planos de la escena. Eso conmueve las emociones y pensamientos del espectador, que es víctima consentida.

¿Te imaginas, estimado lector/a? ¡Has pagado para que te asusten y tengas sensaciones de miedo o terror!

Luego te llevas esas imágenes negativas a tu casa y por la noche te das otra buena ración de miedo y pesadillas con ellas.

Pero, en sentido positivamente contrario, si deseas sentir tus recuerdos positivos y de éxito con mayor intensidad, acércalos al ojo interno de tu mente y asóciate a esa imagen.

Y también, si te viene un recuerdo o imagen desagradable, aléjala de ti y hazla más borrosa, aléjate de ella y disóciate hasta que ya no te moleste.

Explora con cada aspecto de tu vida.

Si existe un problema recurrente en alguna área de tu vida, échale un vistazo. Tienes la facultad de alejarlo mentalmente de ti.

Si lo disocias lejos de ti tendrás más espacio y más control sobre tus pensamientos y emociones, por lo tanto, tu respuesta será más acorde con tu proyecto existencial. Esto te permite una nueva perspectiva: puedes relajarte y pensar acerca de todo eso con más control y claridad mental.

La mayoría de las personas podemos encontrar más y mejores soluciones con emociones neutrales que si nos sentimos atrapados y presionados. Explora positivamente cómo programar tu mente. Cuando haya algo que desees alcanzar, algún objetivo, alguna meta personal o profesional, acerca la imagen grata a los ojos de tu mente. Cuando acercas esa imagen específica y esas emociones más intensas, se convierte en una parte más vívida y apasionante de tu experiencia. Disfruta explorando cómo trabajar esos contenidos mentales y emocionales para hacerlos más intensos.

La mayoría de las técnicas de visualización insisten reiteradamente en la importancia de mantener la mente centrada en imágenes específicas y concretas del objetivo a conseguir

Los modelos de abordaje en hipnosis y PNL te permiten adquirir la habilidad de hacerlo rápidamente de manera fácil y enriqueciendo tu experiencia interna. Todas las indicaciones que recibas, hasta estas frases o palabras presentes, te están permitiendo explorar los modos en que tu cerebro codifica tus experiencias, son simplemente elementos básicos que en PNL pueden marcar la diferencia en tu vida.

Solo requiere una condición: que lo practiques, un día sí y otro… ¡también!

Metáfora de la mariposa: explorar, conocer, saber y poder

Recordemos la metáfora de la mariposa. Me refiero al relato del proceso del despertar de la oruga desde que se encuentra en el interior de su crisálida hasta que revolotea por el espacio, una vez que se ha transformado en una mariposa de bellos colores.

El Dr. Armando Nougués nos dice en su magnífica obra '*El despertar de la oruga*' (Editorial ECU), lo siguiente:

"*Una oruga es un ser que repta por la tierra o por las ramas de alguna planta. Muchas personas las confunden con los gusanos. Pero un gusano es un ser vivo cuya forma adulta es esa, mientras que una oruga no es más que una de las fases del desarrollo de cierto tipo de insectos, al final de la cual aparece ante nosotros/as un ser de mayor belleza: la mariposa*".

Los modelados de hipnosis y PNL en formulación específica de objetivos abordan precisamente esta transformación mágica y a la vez natural de nuestras potencialidades latentes.

Qué somos y qué podemos ser. Cómo somos y cómo podemos ser. Qué hacemos y cómo podemos hacerlo.

El término 'Programación' en la expresión PNL (Programación Neurolingüística) está relacionado con el hecho de que podemos cambiar nuestros pensamientos o programas, de lo que son a lo que quisiéramos que fuesen. Si una persona está presa de pensamientos negativos, su lenguaje, por consiguiente, estará lleno de expresiones negativas también. Piensa, siente habla y actúa negativamente. En caso del lenguaje negativo, podemos tomar nuestros pensamientos negativos y reformularlos en positivo.

La metáfora es muy importante para la creación de nuevos significados.

Hablar del lenguaje terapéutico y de la manera en la cual las palabras promueven la búsqueda de significados es referirse a la metáfora, la técnica central para la producción de trance hipnótico y la movilización interna.

El uso de la metáfora en la psicoterapia está relacionado con modelos que enfatizan el lenguaje indirecto, como es principalmente la hipnosis ericksoniana. Otros modelos también utilizan a la metáfora como una vía para ampliar las conexiones con múltiples significados.

La creación de cuentos terapéuticos se centra en el uso de la metáfora, en la cual se utiliza el lenguaje indirecto en la presentación de la historia, que tiene varios niveles de comunicación: uno el de la historia y la trama y, otro, el del significado implícito con el que se crean internamente símbolos, imágenes y sensaciones, desde los cuales se pueden descubrir nuevas formas de ver, sentir o pensar el problema.

Esa característica del lenguaje metafórico, la de ser una comunicación en varios niveles, permite que el contenido implicado movilice a la persona para que ella, de manera automática al imaginar formas, sonidos, colores, imágenes, contacte con lo relevante y promueva la búsqueda de alternativas. Toda persona tiene dentro de sí todos los recursos que le permiten el cambio de la experiencia y el logro de sus objetivos.

Por lo tanto, la metáfora terapéutica es una estrategia de intervención con muchas posibilidades de aplicación y con gran efectividad en la resolución de los problemas psicológicos.

Metáfora y fisiología

Mills y Crowley explican el modo en que, al vivenciar una metáfora, se repite la activación de los hemisferios cerebrales de la misma manera que se da en el trance hipnótico. Al contar una metáfora, el niño/a entra en el proceso neurofisiológico del trance haciendo posible que se pueda utilizar el proceso de la hipnosis ericksoniana para el trabajo terapéutico con esta herramienta.

Además, Mills y Crowley resumen la relación de la metáfora y fisiología de las diferentes funciones para cada hemisferio de la siguiente manera:

Hay evidencia de que los dos hemisferios reportan mayor actividad dependiendo de las tareas que realizan.

El hemisferio derecho responde al lenguaje indirecto, metafórico, imaginario, implicativo, contextual, fluido. Procesa el lenguaje de manera simultánea y total.

El hemisferio izquierdo procesa el lenguaje secuencialmente, lógica y literalmente.

De modo que la metáfora es una experiencia primaria mediada por el proceso del hemisferio derecho y, por lo tanto, los patrones de asociación inconscientes se suman para presentar a la conciencia con una respuesta nueva a través de un proceso de búsqueda transdireccional.

Otros investigadores, Bandler y Grinder, plantean que la metáfora opera en un principio triádico por el cual su significado se mueve a través de tres etapas diferentes:

La metáfora presenta una estructura superficial de significado en las propias palabras de la historia.

Lo cual activa una estructura profunda asociada de significado que es relevante al que escucha.

Dado que el hemisferio derecho responde a un lenguaje como el de la metáfora, entonces al activarse este hemisferio se produce un trance, en el que el oyente se disocia por estar en el juego y estar en lo imaginario.

Al mismo tiempo se activan los patrones de asociación inconscientes que impulsan estructuras de significación que generan un proceso de búsqueda de nuevas alternativas.

El cuento y la metáfora coexisten o se mueven en diversos niveles de abstracción que se hace emerger en el lenguaje indirecto utilizado en la comunicación.

El nivel del contenido de la historia y el nivel del significado asignado al contenido.

En la trama se representan los personajes, la cual se va desenvolviendo al estar desarrollando el cuento, creando asociaciones o interpretaciones de la historia.

Además existe otro nivel, el de la realidad interna que se moviliza con las asociaciones generadas al leer el cuento, esto es, las conexiones que el niño/a o la persona hace internamente (patrones de asociación y búsqueda de asociaciones relevantes).

Al escuchar e imaginar los cambios en la historia, también se producen cambios en la realidad interior, lo cual lleva a la búsqueda y apertura de nuevas respuestas posibles, y conlleva al ensayo de otras maneras de reaccionar o de vivir. Este proceso se construye al interior.

El valor del SÍ PUEDO

En lugar de decir lo que no queremos, podemos decir lo que sí queremos.

Piensa en alguna formulación mental negativa que suelas repetirte continuamente a ti mismo/a… intenta convertirla en una afirmación positiva…

En lugar de repetirte: *"No te preocupes"*…

Prueba a decirte: *"Tú sí puedes, sólo debes prestar atención a las oportunidades. ¿Cuál sería la mejor forma de prepararme para este reto? ¿Qué me gustaría sentir?"*

Si lo haces así, no tan solo es más agradable, sino que además estarás orientando el cerebro en una nueva dirección y te preparas para recibir más de aquello que deseas.

Estás centrando a tu cerebro y sus funcionalismos en aquello que tú quieres. Tu cerebro y sus estructuras mentales reconocen una nueva vía, un nuevo programa con sus imágenes y emociones específicas resultantes.

Estás programando tu cerebro–ordenador con el GPS apropiado en la dirección en que tú quieres ir.

Estás centrando tu atención en las cosas positivas que quieres que sucedan.

Trata de aplicar tres rápidos y sencillos conceptos que son sólo un pequeño ejemplo del potencial de la hipnosis y la PNL:

1. Convierte lo que quieres hacer y aquello en lo que piensas en una afirmación positiva.

2. Incrementa la vivencia mental de lo que quieres hacer, para que aumente su atractivo para ti.

3. Asóciate a estos comportamientos de éxito y ensáyalos mentalmente, vívelos en tu mente hasta que te sean familiares y te resulten naturales.

Reflexionemos: este planteamiento de programa paso a paso, teniendo en cuenta el factor mental, emocional y físico, es una de las características fundamentales de este proceso en hipnosis y PNL.

Esto es lo que permite, como experiencia personal y sin discusión alguna, que la PNL combinada con el trance hipnótico sea una técnica práctica para la transformación personal.

Esto permite que la oruga dentro de su crisálida se transforme en maravillosa mariposa de lindos colores.

Seguramente, llegados a esta punto, puedo decir que los principios de la PNL y la hipnosis aplicada como amplificador o potenciador de recursos son muy distintos de la psicología tradicional.

La psicología clínica convencional se ocupa principalmente de descubrir dificultades, catalogarlas e indagar sus causas históricas.

La PNL en hipnosis se interesa básicamente por explorar cómo trabajan en conjunto nuestros pensamientos, acciones y emociones, aquí y ahora, para producir nuestras experiencias.

Basada en las ciencias modernas de la biología, la lingüística y la información, la PNL tiene en cuenta los nuevos principios sobre el funcionamiento de la mente-cerebro. Estos principios o asunciones reciben la denominación de presuposiciones PNL.

Si resumimos en una frase este significado, diríamos:

"Las personas funcionan perfectamente".

Es decir, nuestros pensamientos, emociones y acciones específicas producen constantemente resultados específicos. Desde este sentido, lo que hacemos, lo hacemos bien.

Podemos o no sentirnos satisfechos con los resultados, pero si repetimos los mismos/as pensamientos, acciones y emociones, obtendremos idénticos resultados. El proceso funciona pues, a la perfección. Cuando el cerebro y la mente aprende una cosa, lo aprende rápido y bien.

Alguien puede quejarse porque no le van bien las cosas, porque no logra aprobar un examen, o ascender en su puesto de trabajo, o porque no logra unas buenas relaciones personales con su pareja.

Si se molestara un poco en explorar su programa mental, comprendería que tiene en él/ella mismo/a la respuesta: negatividad, pensamientos de *"yo no soy capaz, no lo merezco, nadie me comprende, no valgo para eso, etcétera"*. Para mal, pero el programa funciona a la perfección.

Si programamos un navegador GPS del coche con la dirección equivocada en relación a donde queremos llegar, no vale de nada enfadarnos con el coche porque nos lleve al lugar que nosotros/as mismos/as hemos programado.

Si una persona aspira a obtener resultados diferentes, deberá cambiar primero los pensamientos, emociones y acciones que intervienen en ese programa que, hasta el presente, no le ha llevado al lugar supuestamente deseado.

Todo lo que hacemos tiene una determinada estructura. Igual que una casa:

¿Queremos construir una nueva casa?

¿Cuál es tu meta a conseguir?

¿Qué cambios quieres realizar?

¿En qué área de tu vida? ¿Por qué? ¿Para conseguir qué?

Primero aprende cómo es la estructura de la vieja casa en la que habitas, compuesta de programas obsoletos, limitantes. Cuando la hayas explorado, ya sabrás cómo crear otra casa con mejor estructura y más acorde con tus necesidades actuales. ¿Cómo aprendes a hacerlo? Explorando y conociendo la vieja estructura.

Una vez que conocemos específicamente cómo creamos y mantenemos nuestros pensamientos y emociones, resulta sencillo cambiarlos por otros más útiles o, si los encontramos mejores, enseñarlos a otras personas.

Las presuposiciones en PNL en trance hipnótico son la base para hacer precisamente esto.

Toda experiencia tiene una estructura.

Si una persona puede hacer algo, cualquier otro puede aprender a hacerlo. Si lo que haces no funciona, haz otra cosa. Haz cualquier otra cosa. Si sigues haciendo lo que siempre has hecho, seguirás obteniendo lo que siempre obtuviste. Si deseas algo nuevo haz algo nuevo, especialmente cuando existen tantísimas alternativas distintas.

Música de película

Modelado libre de: Roger P. Aller (Guiones y estrategias en hipnoterapia, Edit. Biblioteca de psicología), Francois J.Paul Cavallier (Edit. Los libros del comienzo), Joseph O'connor y John Seymour (Introducción a la Programación Neurolingüística) y Bandler y Grinder (Trance Formate, Edit. Urano).

Este ejercicio se realiza para aprender a modificar un recuerdo desagradable. Resulta muy adecuado para los problemas cotidianos de baja y media intensidad.

Tómate un tiempo para observar el problema, la situación, como si fuera una película con sus imágenes, emociones, sentimientos y sensaciones...

Observa alguna situación–dificultad cotidiana... por ejemplo: algún momento en que te hayas sentido decepcionado/a o incómodo/a... en que las cosas no te fueron bien... escoge algún hecho real del pasado... explora esto...

A medida que piensas en este suceso específico... observa qué imágenes y qué sonidos vienen a tu mente, mientras contemplas la película que se desarrolla ante tus ojos... cuando termine haz una respiración profunda y al exhalar... observa cómo te sientes...

Muy bien, ahora selecciona algún tema musical... algún tema musical que no se corresponda con las emociones que has experimentado al contemplar la película... tu recuerdo es probablemente sombrío y pesado... de modo que elige algún tema ligero y alegre... como música de circo o de dibujos animados... algunas personas prefieren música para bailar... mientras que otras se inclinan por música descaradamente teatral... cuando hayas terminado, haz una respiración profunda... observa cómo te sientes...

Repite la película esta vez con música... cuando hayas seleccionado tu música, deja que suene fuerte y claro en tu mente mientras empiezas a ver la película de nuevo... deja que la música suene hasta el fin de la película... cuando lo hayas hecho, haz una respiración profunda... observa cómo te sientes...

Ahora te toca comprobar los resultados... rebobina ahora la película hasta el principio... proyéctala sin la música y observa tu nueva respuesta... ¿han cambiado tus emociones?... en muchos casos, el incidente del pasado se vuelve ridículo o cómico... en otros, el efecto de las emociones desagradables se ve muy disminuido o al menos neutralizado... puedes combinar otras distintas músicas hasta que encuentres el mejor resultado... cuando lo hayas conseguido haz una respiración profunda... observa cómo te sientes...

Acabas de comprobar que toda experiencia tiene una determinada estructura... antes del ejercicio, la estructura o patrón de tu recuerdo incluía una escena seria... con emociones fuertes... al añadir una música que no encajaba, cambiaste tanto la estructura original que tus emociones sobre el recuerdo cambiaron también... las emociones nuevas constituyen a menudo un medio poderoso para desbloquear la creatividad en una situación difícil...

El marco del cuadro

Modelado libre de: Roger P. Aller (Guiones y estrategias en hipnoterapia, Edit.

Biblioteca de psicología), Francois J.Paul Cavallier (Edit. Los libros del comienzo), Joseph O'connor y John Seymour (Introducción a la Programación Neurolingüística) y Bandler y Grinder (Trance Formate, Edit. Urano).

Piensa en un problema... piensa en otra experiencia embarazosa o en alguna dificultad cotidiana... cuanto más recurrentes sean las situaciones y emociones que evoques, más rápidamente iluminaran tu vida los cambios que te ofrece la PNL combinada con la hipnosis...

Obsérvate en una instantánea... recorre rápidamente la película del incidente... pero en esta ocasión selecciona alguna instantánea de la misma... como si fuera un fotograma que resulte para ti particularmente representativa de la experiencia...

Mientras lo miras, comprueba si te estás viendo a ti mismo/a, cuando eras más joven... en aquella ocasión... como si estuvieras viendo una foto tuya tomada durante aquel acontecimiento... tienes que retroceder con el ojo de tu mente de modo que puedas ver cada vez más partes de la escena... hasta que te veas a ti mismo/a... más joven... vistiendo las ropas que llevabas en aquella ocasión... contempla el conjunto como un observador/a distante...

Muy bien, ahora añádele un marco... con esta imagen en tu mente, considera qué clase de marco le pondrías... ¿preferirías un marco de ángulos rectos o uno redondo? ¿quizá oval? ¿muy ancho? ¿de qué color?

Quizá prefieras un marco de acero, o tal vez uno antiguo, dorado y con elaboradas incrustaciones... una vez seleccionado el marco, añádele una luz de museo... cuando lo hayas hecho... haz una respiración profunda...

Conviértela en un cuadro o un retrato... ¿cómo podríamos transformarla ahora en algo más artístico? ¿podrías imaginarla como la obra de algún famoso fotógrafo... o quizá de algún pintor como Renoir o Van Gogh?

Coge ahora tu recuerdo enmarcado y cuélgalo entre otros, en las paredes de la galería privada de tu mente... cuando lo hayas hecho... haz una respiración profunda...

Ahora pasa a comprobar los resultados... concédete una pausa para despejar tu mente... respira profundamente... retén unos segundos el aire respirado... al exhalar deja salir todo malestar... toda tensión... todo aquello con lo que tú has decidido acabar porque ya no tiene sentido mantener... déjalo ir... piensa ahora en ese incidente que tanto te afectaba anteriormente... probablemente tus emociones habrán cambiado... si no lo notas todavía, repite el ejercicio con diferentes estilos de pintura o fotografía... así como distintos tipos de marco... hasta que des con la combinación que produzca los mayores cambios satisfactorios en tus emociones... cuando lo hayas hecho... haz una respiración profunda...

Así estás utilizando tu cerebro de acuerdo con su diseño funcional. Estás empezando a aprender algunos de los códigos mentales de la PNL: los elementos básicos de pensamientos, emociones, acciones y creencias.

El Círculo de Excelencia

Modelado libre de: Roger P. Aller (Guiones y estrategias en hipnoterapia, Edit.

Biblioteca de psicología), Francois J.Paul Cavallier (Edit. Los libros del comienzo), Joseph O'connor y John Seymour (Introducción a la Programación Neurolingüística) y Bandler y Grinder (Trance Formate, Edit. Urano).

¿Qué podrías lograr si tuvieras más seguridad cuando la necesitaras? ¿Qué emociones positivas del pasado desearías experimentar, si pudieras transferirlas del momento de tu vida en que ocurrieron a cualquier momento en que las necesitaras?

Esto es precisamente lo que el Círculo de Excelencia te permite hacer.

Revive la seguridad... levántate y transpórtate a algún momento del pasado en el que te sentiste absolutamente seguro/a y confiado/a... revive plenamente dicho momento... viendo lo que viste y escuchando lo que escuchaste... cuando lo hayas hecho, haz una respiración profunda... es importante revivir plenamente la experiencia... de modo que tus emociones sean intensas... imagina que te encuentras de nuevo en aquella situación... colócate en la misma postura... utiliza los mismos/as gestos y respira profundamente...

Mientras que sientes crecer en ti la seguridad... imagina un círculo de color alrededor de tus pies... ¿de qué color lo quieres? ¿te gustaría que emitiera además una especie de zumbido como muestra de su poder?

Cuando el sentimiento de seguridad esté al máximo, salta fuera del circulo... dejando esta sensación de seguridad dentro del círculo... no es una petición corriente, pero puedes hacerlo... cuando lo hayas hecho... haz una respiración profunda... tómate el tiempo necesario para crear una imagen del Circulo de Excelencia adecuada para ti... siente vinculado ahí ese sentimiento de seguridad...

Ahora vas a seleccionar pistas... por ejemplo, imagina algún momento futuro, en el que puedas necesitar este mismo sentimiento de seguridad... ve y oye lo que estará sucediendo allí... inmediatamente antes de que quieras sentirte seguro/a... cualquier situación de esas en las que te sientes mal... estresado/a, ante una entrevista de trabajo... un examen o justo en el momento en que alguien te está presentando para dar un conferencia... piensa en cualquier situación que a ti, especialmente, te hace sentirte mal...

Ahora vas a vincular eso... tan pronto como percibas todo eso... cuando esas pistas de lo que sucede estén claras en tu mente... vuelve a entrar en el circulo y experimenta de nuevo los sentimientos de seguridad y confianza en ti mismo/a... imagina que se desarrolla la situación futura con esos sentimientos bajo tu control... haz una respiración cuando lo hayas hecho...

Comprueba los resultados... sal otra vez del círculo... dejando dentro de él la sensación de seguridad... fuera del círculo, tómate un momento para pensar de nuevo en esos acontecimientos futuros... descubrirás que acuden automáticamente a ti los sentimientos positivos... ello significa que te has programado para el suceso... te sientes mejor en él... aún antes de que haya sucedido... cuando suceda realmente, te encontraras respondiendo con mayor seguridad de modo natural...

Tú llevas la iniciativa... tú decides por ti mismo/a cómo quieres reaccionar ante los acontecimientos de tu vida... estás tomando los sentimientos de seguridad experimentados en el pasado y los vinculas a una situación futura que quizá te angustiaba de alguna manera... puedes repetir el proceso con cuantos acontecimientos futuros quieras... con tantos sentimientos distintos como desees... si en alguna ocasión, en algún momento tuviste algún recurso, aunque fuera tan solo durante un minuto, lo tienes para siempre...

Empleando el Círculo de Excelencia podrás utilizar dicho recurso del modo que quieras, cuando quieras... ante cualquier situación, podrás decidir qué sentir y cómo responder...

Podrás vivir tu vida con resolución... estás en posesión de todos los recursos internos que puedas desear o necesitar... realmente tu ordenador–cerebro tiene muchos programas y muy buenos además.

IX

TÉCNICAS NATURALISTAS DE HIPNOSIS

Según Milton H. Erickson, *"por enfoque naturalista se entiende la aceptación y utilización de la situación que nos encontramos (en el paciente) sin emprender ninguna reestructuración psicológica. Al hacerlo así, la conducta del paciente se convierte en una ayuda decisiva y forma parte de la inducción al trance, más que un posible obstáculo".*

Ejercicio de técnica naturalista

Modelado libre de: Roger P. Aller (Guiones y estrategias en hipnoterapia, Edit. Biblioteca de psicología), Francois J.Paul Cavallier (Edit. Los libros del comienzo), Joseph O'connor y John Seymour (Introducción a la Programación Neurolingüística) y Bandler y Grinder (Trance Formate, Edit. Urano).

Ahora tal vez te gustaría tomarte un tiempo para sentir tu respiración... dejar que tu cuerpo descanse en ese cómodo sillón... y me gustaría que hicieras una respiración larga, profunda y poderosa... y al exhalar largamente, vas soltando la tensión residual y todo malestar que puedas sentir...

Y con la próxima respiración te das permiso para ir aflojando gradualmente todo el lado izquierdo de tu cuerpo, conforme exhalas largamente... y tal vez sientas una agradable sensación de flojedad, relax o pesadez en esa parte a medida que desciendes en tu nivel de trance... y puedes percibir la suave sensación del aire entrando por la nariz y bajando hasta el fondo de los pulmones...

Y puedes comprobar cómo la exhalación larga y profunda te relaja y afloja más todavía el lado derecho del cuerpo, que se hunde flojo, suelto y adormecido... y sigue adentrándote en tu espacio interno, estableciendo una pausa... un alto en el camino... suelto y adormecido... muchas veces la sensación de pesadez, relajación y abandono puedes sentirla en los brazos que caen sueltos y pesados a lo largo del cuerpo, o tal vez los dedos de las manos que se adormecen como sintiendo una especie de hormigueo...

Puedes explorar ahora qué parte del cuerpo sientes más relajada o más tensa, o adormecida... y quiero que explores otra cosa también, puedes dirigir a esa parte más tensa la respiración y al soltar el aire vas dejando que la tensión residual vaya saliendo, liberando el cuerpo de malestares residuales y todo aquello con lo que hayas decidido acabar...

Puedes hacer tres respiraciones lentas, profundas y que te llenen por completo y, al salir el aire y el malestar residual, permaneces atento/a a las sensaciones que experimentes...

Ahora tal vez percibas cómo, al salir el aire, tus ojos detrás de los párpados cerrados se adormecen y relajan más profundamente aún... al inhalar, el pecho, los pulmones se expanden cargándote de oxígeno, energía y amor a la vida... y al exhalar te liberas de tensión y negatividad...

Tal vez con la próxima exhalación, al soltar el aire, percibas el peso de los brazos descansando sobre el respaldo del sillón... pero cuando inhalas sientes cómo sube y se ensancha tu pecho, sintiendo el suave roce del aire entrando por tus fosas nasales...

Sientes ahora la pesadez y flojedad del cuerpo... aunque tal vez sea el lado derecho el que percibas más relajado y adormecido con la nueva exhalación que das... y a medida que sigues respirando y sintiendo cómo el aire circula por todo tu cuerpo... curando, sanando... y te das permiso para descender en tu nivel de trance profundo y relajante... y a cada nueva exhalación tu trance se vuelve más profundo, más y más relajante y tranquilo...

Si observas tu interior, tal vez la sensación de adormecimiento, tranquilidad respirada, pesadez, abandono... se vaya extendiendo por todo el cuerpo... y así tal vez descubras alguna zona algo tensa o menos relajada... así aprovechas cada exhalación para ir aflojando esas zonas, esos grupos musculares se van aflojando y soltando tensiones residuales y todo malestar... aflojando, relajando... déjate ir...

Sientes el vaivén de tu respiración... flujo y reflujo, inhalando y exhalando... como el ir y venir de las olas del mar... llegan a la playa, a la orilla dejando su blanca espuma... vuelven al océano y otra vez en un ciclo interminable, van y vienen, como el ritmo de tu respiración... dejando que una agradable ola de relajación vaya inundando cada célula, cada tejido, cada fibra de tu cuerpo...

Y así vas orientándote en tu interior... cada exhalación es un nivel más profundo, desciendes hacia tu interior, sea donde sea que ahora tengas que ir... y vas al reencuentro con esa parte más íntima, más profunda de ti mismo... al reencuentro con tus sentimientos, con tus pensamientos, emociones y hasta sensaciones corporales...

Sí, estableces una pausa, un alto en el camino... es como reencontrarte con un/a viejo/a y querido/a amigo/a al que hace tiempo que no ves... así vas accediendo a tu mundo interno... a tus recursos y habilidades...

A esa parte en tu interior que quiere lo mejor para ti... y mientras que te orientas ahí en tu interior... vas decidiendo a nivel inconsciente qué es lo que necesitas saber ahora, o que deberás hacer después en un futuro inmediato... deja que sea tu inconsciente el que colabore con nosotros/as a la hora de resolver tus problemas utilizando esos recursos internos más adelante... cuando sea apropiado para ti...

Ahora puedes visualizar tu respiración como si fuera una corriente de luz, que inhalas con cada aliento que das... siente cómo esa luz va penetrando por todo tu cuerpo... bañando la cabeza, los hombros, el cuello, la nuca, desciende por los brazos, espalda, pecho, glúteos, vientre, muslos y piernas, bajando esa luz, esa energía curativa hasta los pies y dedos de los pies...

Así despierta tu memoria celular, esos registros de sensaciones de paz, calma, bienestar, descanso... sintiendo la relajación recorriendo tus manos, permitiendo que esas sensaciones se proyecten hacia las zonas corticales, penetrando en las capas más profundas de tu cerebro, curando, sanando...

A la vez que sientes todo el peso del cuerpo sólidamente relajado y abandonado sobre el sillón...

Observas cómo fluye la respiración, libre, profunda, expandiendo el pecho, sintiendo el centro de tu plexo solar cómo irradia calor, sosiego, calma a cada rincón de tu cuerpo, curando y sanado...

Así, te permites liberar más el flujo de tus pensamientos, tus ideas y, desde el presente, te proyectas hacia el futuro, hacia los proyectos que tengas...

Y también regresar al pasado... así te permites a nivel inconsciente que se haga cargo de todo lo que puedes aprender, actualizar tus recursos y experiencias en el contexto apropiado, cuando sea más apropiado para ti...

Tú debes comprender la naturaleza de la hipnosis... lo que está ocurriendo en tu interior... debes explorar lo que pasa en tu cuerpo y en tu mente... ésta es una preparación y un aprendizaje para que tú lo utilices después en terapia... debes experimentar que hay muchos tipos de trance... más de un tipo de trance... no es algo uniforme... cada persona es un mundo... dormir, por ejemplo, es explorar en estado de trance sin tener que pensar sobre la realidad de lo que se sueña...

El trance facilita... hacer cosas que serían más difíciles en estado ordinario... cuando entras en trance accedes a un nivel más profundo de tu mente... tu mente puede controlar el dolor... eliminar miedos y complejos... eliminar fobias y traumas... pero antes de poder hacer todo eso... necesitas saber cómo haces para acceder al estado hipnótico... tal vez ahora debes explorar qué piensas tú acerca de la hipnosis... qué piensa o cree la gente acerca de la sugestión hipnótica...

Cuáles son tus puntos fuertes o débiles... ya que eso determina cómo funcionará tu práctica hipnótica... según tú creas...

¿Qué es para ti la hipnosis? ¿algo que sucede positivamente?... tradicionalmente se piensa que el terapeuta hace las cosas... te hipnotiza y tú simplemente te dejas hacer... hay gente que piensa que mágicamente cambiará simplemente al estar hipnotizado/a... sin hacer ningún esfuerzo por tu parte... ¿es ésa tu idea de la hipnosis? ¿qué esperas obtener de esta experiencia de hoy? ahora debes formularte una pregunta a ti mismo/a... ¿qué has venido a buscar? ¿qué quieres aprender de esta experiencia hipnótica?

Existe el estado normal o de vigilia que tú has traído hoy a esta sesión de hipnosis... ¿qué otros estados estás experimentando a lo largo de la sesión? Y partiendo del normal... ¿qué has verificado por ti mismo/a a lo largo del día... en casa... por la calle... viendo la televisión... en tu trabajo... con tu pareja... familia... amigos/as... qué estados experimentas a lo largo de tu vida...? ahora repasa el estado en que te encuentras ahora... ¿cómo definirías el estado de conciencia que tienes en este momento? ¿cómo sabes que estás en este estado?...

Ahora debes explorar y evidenciar qué es lo que te permite saber en qué estado estás... cuando cambias de un estado a otro... hay una gama de cosas diferentes que haces... ¿qué es lo más evidente para ti del cambio? Por ejemplo: debes saber cuál es tu estado promedio o normal... cómo eres y actúas... todo esto sirve como pista o referencia para evaluar cuándo estas en trance y cuándo no...

Durante el sueño... también pasas por diferentes niveles de profundidad... ligero... medio... profundo... fases en las que sueñas y otras en las que no... ese estado de dormir y soñar sucede naturalmente... ¿cómo hacer para entrar intencionalmente en ese estado y utilizarlo sin perder la conciencia? Ése sería un buen objetivo a conseguir... de todos los diferentes estados que hayas descubierto por los que pasas... ¿en qué estado puedes entrar intencionalmente? ¿qué debes hacer para entrar en esos estados?... Lo que sucede naturalmente... ¿cómo puedes utilizarlo y amplificarlo?

Inducción hipnótica: Rotación braquial

Método modelado libre según orientaciones de Barabasz, Vingoe, Wark, y Bányai.

La hipnosis es la llave por excelencia para acceder a las potencialidades del inconsciente. Sirve para tratar múltiples afecciones que afectan a la psique humana y que merman considerablemente nuestra calidad de vida.

El psicoanalista Carl Gustav Jung decía:

"*El inconsciente es nuestro amigo, nuestro aliado, nos informa y nos aconseja. En el inconsciente hay fuerzas que intentan ayudarnos y curarnos*".

Los maestros budistas Zen dicen:

"*En el inconsciente reside la verdadera sabiduría y la intuición*".

Milton H. Erickson, creador de la llamada Hipnosis Ericksoniana, eminente psiquiatra, dice que:

"*Potencialmente, el inconsciente contiene todos los recursos y potencialidades que una persona necesita para modificar pautas de conducta y el logro de sus objetivos*".

Este método de inducción hipnótica de la rotación braquial psico–dinámica exige una buena sincronicidad en el cliente. Proveniente de la técnica llamada por Bányai 'Hipnosis activo–alerta' (Zseni y Túri, 1993) probablemente sea, entre los clínicos dedicados a la investigación de las técnicas hipnóticas, el más explorado.

He aportado alguna pequeña pero significativa modificación y le he llamado: 'rotación braquial psico–dinámica'.

El sujeto a hipnotizar estará sentado cómodamente en un sillón o silla.

Este método de inducción exige que el cliente realice un movimiento físico suave y agradable, monótono. Deberá realizar un movimiento rotatorio formando círculos con el movimiento de los brazos que estarán unidos a nivel de los dedos de las manos y sin apartar ni un momento la mirada del pulgar colocado encima del otro pulgar.

Y, perfectamente sincronizado, deberá a cada vuelta, en el momento que gira hacia dentro los brazos, ir contando en forma descendente del cien hacia el cero.

Inhalar al estirar los brazos y exhalar contando cada número hacia abajo al pasar los brazos por el pecho en forma descendente.

En un momento posterior se le pide que abra los ojos y, focalizando la mirada en el pulgar, comenzará el conteo y rotación de los brazos.

Puedes cerrar los ojos y retroceder en tu memoria hasta llegar a alguna experiencia agradable...

algo que cuando piensas en ello todavía sientas alegría, tal vez aquella ocasión en que esperabas a alguien con ilusión y sentías latir el corazón, algo activado por la agitación de la espera ansiada que se hace eterna, la ilusión, el latido cardíaco, algo de tensión alegre y gozosa... seguro que en tu memoria guardas algún momento así...

Algunas personas prefieren pensar en algún momento en que dan un paseo por el campo, la playa o algún lugar en contacto con la naturaleza, tal vez un bosque o la montaña...

Puedes disfrutar de nuevo cómo paseas y sientes el suelo bajo los pies... tal vez la hierba, o un camino de tierra, o la cálida arena y tus pies desnudos si paseas por la playa...

Siente el aire, la brisa acariciando tu rostro, el movimiento muscular al caminar, subir o bajar tal vez algún promontorio, cómo late tu corazón suavemente mientras paseas...

O cómo respiras el aire fresco, hay tantas sensaciones agradables y tanto dinamismo en un paseo, charlando quizá con alguien interesante para ti... tómate un tiempo para sumergirte de nuevo en esa experiencia, en ese recuerdo, como si estuvieras de nuevo allí...

Viendo, sintiendo, escuchando y respirando como lo hacías en ese lugar, en esa experiencia... es tuya y mereces evocarla y disfrutarla de nuevo de la forma que sea más apropiada ahora para ti...

Ahora, eleva tus manos a la altura de los hombros y estiradas... los dedos de ambas manos entrelazados... un pulgar estirado y encima, sobre el otro pulgar... focalizando la atención de tu mirada en el citado pulgar...

Muy bien, ahora abres los ojos y focaliza la atención en el pulgar...

Recuerda: a través de todo el tiempo y movimiento rotatorio sólo debes mirar al pulgar sin apartar la mirada un solo momento... puedes contar del cien hacia el cero...

Comienzas a moverla en forma circular, rotando en círculos... mientras mantienes centrada la mirada en el pulgar... sincronizando cada numero y cada exhalación... en círculos... movimiento rotatorio... inhalar al extender los brazos... exhalar y contar descendente...

Muy bien, sigue rotando... sin detenerlo ni un movimiento... automáticamente y sin apenas esfuerzo... girando... círculos...

Pronto notarás que el movimiento se hace por sí solo... más automático, los brazos giran y giran por sí solos... sin esfuerzo consciente por tu parte... como si un resorte automático, inconsciente, moviera todo eso por sí solo...

Tus músculos dinámicos y relajados pero en movimiento... se activan, más y más dinámicos, el movimiento tal vez lento o algo rápido... lo que sea más apropiado ahora para ti...

Muy bien, observa cómo el ejercicio se hace más automático, más circular y más dinámico, como si un resorte mecánico los moviera...

Tus brazos y tus manos entrelazadas, se activan más, como si los brazos tuvieran vida propia...

Cada vez se activan más y más, notas los brazos más tensos y activos...

Tu corazón late un poco más deprisa... comienza a latir más deprisa, bombea más sangre... tu corazón late más deprisa y envía más sangre a los músculos para la energía que necesitan al mover circularmente los brazos...

Y sigues mirando el pulgar... tu corazón late más deprisa... tu respiración se agita agradablemente...

Cada vez respiras más enérgicamente... respiras más oxigeno, más energía y amor a la vida...

El corazón late más deprisa, bombea más sangre que circula por los músculos de los brazos transportando energía... respiras más deprisa... con ritmo, más intensamente, acaparando más energía, más oxigeno...

Los músculos más activos, algo más tensos... ahora o más tarde y sin pensar en ello, entrarás en un agradable trance hipnótico...

Tu cerebro cada vez más despierto, tu mente más activa, se expande... más claridad y tu mente despejada, lúcida, más oxigenada... el corazón bombea más sangre... con el oxígeno que transporta la sangre, se van activando los brazos que siguen su movimiento como si lo hicieran por sí solos...

Más hipnotizado/a, más activado/a y con tu mente más activa, más lucida y expansiva... y cuando sea apropiado para ti, luego vas a levantarte de la silla...

Todo tu cuerpo más activo, la respiración sigue agitada, el corazón late dinámicamente bombeando sangre... cada vez más hipnotizado, como disociado de todo lo que te rodea excepto de mi voz y del movimiento de tus brazos...

La sangre fluye a través del movimiento de tus brazos hacia todo tu cuerpo... todas las venas, las arterias, todo el cuerpo más activo, más caliente al circular la sangre hacia la periferia... la sangre transporta sensaciones de energía, a veces hormigueo...

Las piernas... el cuerpo, se activa dinámico... te sientes más dinámico/a, más hipnotizado/a... los brazos no dejan su movimiento circular... los parpados tal vez cansados...

Pero sigue mirando el pulgar... el cuerpo muy activo, dinámico y alerta como cuando esperas alguna noticia o alguna persona o acontecimiento agradable y placentero...

Ahora sientes cómo la energía de tu cuerpo hace que te levantes y sigues con el movimiento de brazos, pero te pones de pie...

Caminas tranquilamente al fondo del pasillo... hasta la puerta... tranquilamente, moviendo los brazos concentrado en el ejercicio, a medida que caminas y a cada paso estás más relajado/a, dinámico/a pero hipnotizado/a...

Tu cerebro más activo y despierto, con tu mente funcionando cada vez más activa, lúcida y despierta...

Ahora puedes volver hacia la silla... mientras respiras dinámicamente... y estás cada vez más hipnotizado/a, tu mente se expande más... todo tu cuerpo se activa más enérgico...

El corazón bombea la sangre hacia tus brazos, inunda tus manos... se irradia por todos los músculos, venas y arterias...

Todo tu cuerpo está activado, enérgico y tu mente expandida... como cuando estás esperando alguna noticia buena, o algún acontecimiento deseado, la víspera de una cita o tal vez las vacaciones que esperas todo el año...

Sientes la energía que recorre tus piernas, todo el cuerpo, brazos, la cabeza, todo, te sientes más enérgico/a, activo/a, dinámico/a, lleno de energía y tu mente despierta, lúcida y expandida...

Tu cerebro activo y muy despejado, lúcido y preparado para trabajar eficazmente, con ideas claras, la mente muy despejada y lúcida...

Y ahora te sientas de nuevo, dejando el cuerpo completamente descansado sobre la silla... sigues escuchando mi voz... tus brazos empiezan a moverse lentamente... cada vez más lentos...

Ahora puedes cerrar los ojos... es como si vieras en tu imaginación ese movimiento braquial... sigues mirando el pulgar, pero sólo en tu imaginación...

Lentamente... tu corazón va latiendo cada vez más lento, suave, lentamente... tu respiración más lenta, suave y profunda...

Te vas hundiendo cada vez más, en un trance más y más profundo... la respiración profunda, lenta y poderosa...

A medida que tu respiración se hace más suave y profunda, tu corazón enlentece también, cada vez más hipnotizado, todo el cuerpo más relajado, más y más abandonado, pesado y muy adormecido... las manos descansan sobre los muslos...

Concéntrate en tu corazón que va latiendo cada vez más lento, más despacio y en perfecta armonía...

Presta atención al sonido del péndulo de ese metrónomo que empiezas a escuchar... a partir de ahora, a cada sonido del péndulo de ese metrónomo, vas moviendo por orden cada uno de los dedos de tu mano, empiezas por el pulgar de tu mano izquierda...

Y así sucesivamente... luego pasas a la mano derecha... a cada sonido mueves un dedo, al mismo tiempo centras tus pensamientos en el latido del corazón que enlentece... centrado en que a cada sonido, y a cada movimiento del dedo el latido del corazón enlentece...

Automáticamente, sin pensarlo conscientemente, el pulso se hace más lento, cada vez más hipnotizado y tu mente más activa, el latido cardíaco enlentece...

A cada sonido del péndulo mueves un dedo, el latido del corazón se hace más lento... cada vez más hipnotizado y tu cerebro más activo y expandido, a cada sonido del péndulo, más tranquilo, hipnotizado, disminuye el tono muscular, tus pulsaciones más lentas y sincronizadas...

Cada vez que mueves un dedo, sigues el ritmo del péndulo, tu corazón más lento, el tono muscular se relaja y afloja, el corazón late más y más lento y tranquilo, a cada sonido del metrónomo, mover el dedo correspondiente...

Y el corazón más lento, rítmico y más y más tranquilo en su latido, tu corazón late al mismo ritmo que el sonido del metrónomo, estás cada vez más hipnotizado, volcado hacia dentro, en tu experiencia interna...

Tu corazón late más regularmente, pausado y lento, más volcado hacia tu experiencia interior, sigue moviendo un dedo a cada sonido del metrónomo y todo enlentece, la respiración suave y profunda, el latido cardíaco lento, el tono muscular desciende más...

Relajado/a, lo sientes por dentro, suave, lento y poderoso, cada vez más hipnotizado/a y relajado/a pero tu cerebro activo y tu mente despejada y lúcida, se expande tu conciencia...

Sigues moviendo un dedo a cada sonido del metrónomo... se produce una sincronización, tu movimiento, el sonido del metrónomo y el latido del corazón perfectamente sincronizados... este sonido te invade... a cada movimiento, a cada latido del corazón más y más hipnotizado/a...

Tu corazón sigue ese ritmo y el dedo se mueve automáticamente... el corazón seguirá el ritmo del metrónomo... latirá con la misma cadencia y armonía... es un ritmo que tú controlas... mi voz te acompaña... el ritmo que te permite explorar tu particular forma de entrar en un trance hipnótico profundo, creativo y muy centrado en tu exploración...

Te relajas más profundamente... disminuye el latido del corazón... se modifica la presión arterial y el pulso... han cambiado los reflejos motores... de cuello hacia abajo duerme y descansa, pero tu dedo, tus dedos uno a uno, perfectamente sincronizados por el sonido del metrónomo se mueven y profundizas... el pulso traduce todo lo que va ocurriendo en tu interior...

Observas cómo el pulso, el latido del corazón, te permite estar cada vez más centrado/a en tu interior... conociendo cada vez más tus procesos fisiológicos, controlando, centrando tu atención, calmando y centrando la atención en aquello que dentro de ti ahora debe ser controlado, centrado y observado...

Así, a cada exhalación aprovechas para sacar junto a los deshechos de la respiración, el malestar, la ansiedad residual y todo aquello con lo que has decidido acabar porque ahora no tiene sentido mantener...

Cualquier emoción o pensamiento negativo acelera tu respiración y el latido cardíaco... cuando tu pensamiento está centrado en tu respiración y en el latido cardíaco, se enlentece, se calma y armoniza... cuando estás tranquilo/a y centrado/a en tu interior, todo se armoniza, el latido cardíaco enlentece, la respiración se hace más profunda, mejora el pulso y la presión arterial, cambian los reflejos motores, y todo tu cuerpo encuentra la paz y la calma...

Tu corazón late al ritmo del metrónomo... cada dedo se mueve automáticamente, inconscientemente, te dejas llevar a un nivel más profundo, el ritmo del metrónomo te invade, el sonido del metrónomo invade todo tu cuerpo...

Cada vez más centrado/a, más calmado/a, más hipnotizado/a, centrado/a en el corazón mismo de tu mente inconsciente... calmado/a, centrado/a y calmado/a...

Y ahora, un poco más tarde, cuando sea apropiado para ti... simplemente cambias la respiración, haciéndola un poco más dinámica, vas moviendo los dedos de los pies, de las manos, el cuello suavemente, vas a salir del estado hipnótico muy relajado/a, muy lúcido/a y lleno/a de energía, tu mente activa y despierta, tendrás ganas de hacer las cosas que aún te quedan por hacer hoy...

LA HIPNOSIS COMO OPTIMIZADOR DE RECURSOS

La hipnosis es precisamente la llave maestra que nos permite entrar y manejar los recursos del inconsciente. Lo recuerdo a menudo: el mismo Milton H. Erickson manifestaba que la madre de toda terapia es el estado alterado de conciencia; y el propio Einstein afirmaba que no se puede solucionar un problema con el mismo estado mental que lo creó.

Así que la hipnosis es la técnica por excelencia para alcanzar esos estado alterados o modificados que permiten utilizar los recursos que toda persona lleva en sí.

Diferentes estudios de meta–análisis efectuados en los años 80 (Smith, Spirstein, Kirsh, etcétera) demuestran que los modelos de intervención (psicodinámico, cognitivo conductual, sistémica…) mejoran su eficacia si son administrados en un contexto hipnótico.

La hipnosis es un amplificador y facilitador de las capacidades y recursos inherentes a la mente humana.

Tanto si eres terapeuta o alguien que realiza estos modelados para el autoconocimiento y desarrollo personal, al final de cada sesión sería bueno formular las siguientes preguntas:

Preguntas para evaluar el proceso realizado (John McWhirter)

¿Qué se ha enseñado/dado?

¿Qué te ha resultado más difícil?

¿Qué has aprendido?

¿Qué te ha resultado más fácil?

¿Qué has aprendido sobre ti mismo/a?

¿Qué has aprendido sobre tu propio aprendizaje en relación con este asunto?

¿Cómo y dónde puedes aplicar todo esto?

¿Con qué nuevas posibilidades cuentas ahora?

¿Qué nuevas preguntas sería útil plantear?

Estados alterados que has identificado en ti mismo/a.

Estados alterados que has identificado en otros/as.

Cambios concretos que has identificado en ti mismo/a.

Cambios que has identificado en otros/as.

Simbología de la naturaleza. Reglas para una visualización efectiva. Crear y manipular impresiones sensoriales. Profundizar e intensificar.

Modelado en versión libre de F. J. P. Cavallier, Visualización (Editorial Los Libros del comienzo) y Dr. Gerald Epstein, Visualización Curativa (Editorial Robin Book).

Bien y ahora exhalas tres veces... imagina que abandonas tu casa y vas bajando por las escaleras, o ascensor... haz como realmente haces en tu vida cotidiana...

Poco a poco vas dejando esa calle... imagínate a ti mismo/a descendiendo a un valle profundo... tómate un tiempo para ver el paisaje, sus colores, aromas y texturas, sonidos, temperatura, tal vez una suave brisa que acaricia tu cara... imagina, siente, respira profundamente... estás dando un paseo por ese valle... siente esa naturaleza como si formaras parte de ella... y ella formara parte de ti...

En un momento determinado escuchas el rumor del agua que corre... un ruido muy agradable... ese sonido del agua está cada vez más claro, más presente... acércate al agua, al arroyo...

Ascendiendo el curso del arroyo, hay una cascada de agua, fresca, cristalina... toma un poco de esa agua, limpia y muy fresca... siéntela en tus manos dispuestas en forma de cuenco... échatela a la cara, consciente de que estás limpiando todas tus impurezas del exterior de tu cuerpo...

Y ahora toma otro poco de agua muy fresca, cristalina, limpia, en tus manos y bébela muy despacio... calmando tu sed, refrescando por dentro... sabiendo que estás limpiando todas las impurezas que anidan dentro...

Ahora te vas sintiendo vigorizado/a, fresco/a y más despierto/a...

Contemplas el agua que cae con abundancia... ves esa hermosa cascada rodeada de vapores de agua... agua pura y cálida...

Tal vez incluso haya flores, árboles, pájaros... contempla todo el conjunto... contempla el rumor del agua que cae con abundancia...

La visión de esta cascada llena tus ojos...

El ruido del agua cayendo sobre las rocas apacigua tu espíritu...

Llena tus oídos...

Estás solo/a en ese lugar, la naturaleza te envuelve en sus aromas, sonidos, olores, sensaciones, te dejas envolver por esas sensaciones...

Este momento es para un reencuentro especial... establecer una pausa... es como reencontrarte con un viejo/a y querido/a amigo/a... alguien a quien hace mucho tiempo que no ves... éste es un momento importante para ti...

Y tal vez ahora sea apropiado que te quites la ropa... puedes imaginar que estás en medio de ese paisaje, de ese lugar tal y como naciste... desnudo/a... sintiendo la brisa, el sol sobre tu piel desnuda...

Ahora te sitúas bajo esa maravillosa cascada de agua cálida, limpia y transparente... tonificante, llena de energía...

Sientes cómo el agua cae sobre tu cuerpo... agua tibia, cálida... sensación muy agradable... purificando y limpiando... sientes sus caricias descender por tu cara, relajando y limpiando... por tu cuello, aflojando, limpiando, soltando... por tu columna vertebral, curando, sanando, aflojando y limpiando... y por todo tu cuerpo... imagínala siguiendo todos los caminos, internos y externos...

Siéntela cómo cae limpiando y relajando... siéntela descender a lo largo del cuerpo... desciende por el pecho... baja por el vientre, pelvis, a lo largo de los muslos, piernas, sobre los pies, arrastrando las impurezas, siente las plantas de los pies... en contacto con el suelo...

El agua deslizándose, arrastrando, limpiando todo malestar, toda tensión, toda preocupación...

Siente el agua, cómo corre y se desliza por todo tu cuerpo, brazos y manos... disfrutas durante unos instantes debajo de este agua tan pura, cálida y limpia...

Corre sobre tu cuerpo, por dentro y fuera... lava tu cuerpo, cae sobre tu cabeza, entrando por dentro de tu cerebro, limpia, saca y expulsa todo malestar, todo pensamiento con el que has decidido acabar... todo es limpiado, barrido y purificado...

Siente esa limpieza, ese sensación de curación, bienestar, sanación... deja que tome el camino que desee... déjala circular por tu interior... arrastra células inútiles, funde las grasas acumuladas... elimina las tensiones y el malestar muscular... expulsa los malos recuerdos...

Saca fuera aquello que ya no te sirve y que no es necesario para tu bienestar... todo es lavado, arrastrado por el agua fuera de tu cuerpo...

Sientes cómo el agua circula penetrando por tu cabeza, siéntela circular por tu interior...

Siente ahora cómo sale por la planta de los pies... arrastrando toda impureza, llevándose todo malestar... todo aquello de lo que tú deseas liberarte...

Te vas sintiendo limpio/a... nuevo/a... lleno/a de energía y amor a la vida... simplemente tomas conciencia del sentido profundo de esta limpieza que tú estás permitiendo ocurra en tu interior...

Sientes esa ligereza, dispuesto/a una vida nueva...

Ahora mira de nuevo a tu alrededor... en esa maravillosa naturaleza, debajo de esa cascada de agua... esos sonidos, aromas, texturas, en tu desnudez, en ese lugar solitario... lleno de luz, vida y energía...

Y ahora sal de la cascada y da un paseo por ese lugar... vuelves a encontrar el universo... tu propio universo interior, ideas, sueños, proyectos, ilusiones, experiencias y conocimientos...

Ahora sé consciente de la nueva visión que tú tienes de ese lugar, del agua que cae... observa las plantas, árboles, tal vez algún animal, pájaros...

Comprueba cómo tu percepción ha cambiado... siente esa limpieza...

Aléjate del arroyo y busca un árbol en el límite del prado...

Siéntate bajo el árbol que tiene ramas colgando con verdes hojas que se mueven mecidas por la brisa...

Con la espalda recostada sobre el tronco... aspiras el oxígeno que desprenden esas hojas... junto con el oxígeno en forma de luz azul dorada del sol y el cielo que se filtra por entre la copa del árbol...

Exhalas dióxido de carbono en forma de humo gris que las hojas asimilan y convierten en oxígeno... este oxígeno es emitido por las hojas y descienden por el tronco... hasta entrar en tu cuerpo a través de los poros de la piel...

Tú estás ahí completando un ciclo respiratorio con el árbol... y respiras al unísono con él... ahora dejas que los dedos de las manos y pies se hundan en la tierra... como raíces y aspiren su energía... permaneces así un largo rato, asimilando lo que necesitas...

Respecto a los problemas físicos y somáticos y respecto a su íntima relación con lo psicológico–emocional, conviene trabajar específicamente con ejercicios de visualización ampliamente constatados por su eficacia y eficiencia.

La relajación y la visualización producen endorfinas, unos neurotransmisores químicos que cruzan el espacio llamado sinápsis, que se encuentra entre las células cerebrales para estimular los receptores de las células vecinas. La ubicación de los receptores opiáceos sugiere la manera en que estas sustancias, ya sea internas o externas, ejercen su efecto.

Básicamente se les encuentra en el cuerpo calloso del cerebro, que es el núcleo de la mayor parte de las emociones fuertes (miedo, ira, amor y depresión) y también se les encuentra en el tálamo medio, que transmite al cerebro los impulsos de dolor que se generan en el cuerpo.

Debido a ello, los endorfinas pueden interferir con las señales de dolor corporal y también pueden tener efectos sobre las emociones fuertes. En los vertebrados son producidas en la glándula pituitaria y el hipotálamo durante ejercicios vigorosos, excitación y orgasmos, con capacidad para producir analgesia y una sensación de bienestar. Las endorfinas actúan como eliminadores naturales del dolor, cuyos efectos pueden potenciar el de otras medicaciones.

Método ideodinámico: Consultando con las respuestas inconscientes

Modelado libre según Hawkins, Erickson, Spiegel & Spiegel, McNeal & Frederick.

Primero colócate en una posición cómoda y relajada...

Cierra los ojos para que nada del exterior te distraiga...

Y ahora concéntrate en la respiración...

Bien y ahora... piensa en la palabra SÍ... sigue diciéndote a ti mismo/a la palabra SÍ... sintiendo como vibra en tu interior... en tu cuerpo y en tu mente... sintiendo y pensando... imaginando esa palabra SÍ... y cuando tu mente INCONSCIENTE pueda identificar cuál es el dedo que expresa SÍ... simplemente deja que ocurra cualquier cambio que se produzca en tu mano... y tal vez notes que puedes permitir que se desarrolle una sensación en uno de tus dedos que puede convertirse en un movimiento...

Lo mismo se procede para el NO. A continuación, realizaremos una técnica de regresión positiva para identificar el dedo SÍ, es decir, establecer el momento del pasado en el que el paciente encuentre una experiencia positiva, quizá relacionada con las claves para encontrar soluciones al problema actual.

Bien, realizaremos un recorrido por algunos acontecimientos pasados de tu vida... con la próxima exhalación me gustaría invitarte a que hagas un viaje dentro de ti...

Y mientras estás en trance... imagina que revisas a modo de película grabada o almacenada en tu memoria... todos tus éxitos, las cosas que has aprendido a lo largo de tu vida... tiempos felices, momentos en que lo pasaste bien... no importa si la experiencia duró un minuto, unas horas o todo el día...

Cosas positivas... es como si revisaras todos los aprendizajes asimilados... y al hacerlo vas usando todos tus sistemas de representación: visuales, auditivos, olfativos y gustativos, el tacto...

Y así vas evocando las emociones positivas asociadas a esos acontecimientos... esas experiencias son todas tuyas... y mereces evocarlas de la forma que sea más agradable ahora para ti...

Y tal vez puedas traer al tiempo presente esas sensaciones de control y seguridad en alguna de esas experiencias... quizá te venga algún recuerdo en especial, y te apetezca demorarte un poco más en el recuerdo disfrutándolo de nuevo...

Como si el tiempo no hubiera transcurrido y lo estuvieras viviendo de nuevo... y puedes hacer algo interesante: traer esos sentimientos positivos de control y seguridad al tiempo presente...

En este tiempo puedes actualizar todo lo que en el pasado te tocó experimentar... poderosos aprendizajes, formás de afrontar los retos y cómo los fuiste superando, por eso ahora sabes más que en el pasado...

Y si en el pasado superaste algunos retos... ahora puedes solucionar algunos de tus problemas... fácilmente tal vez... puedes experimentarte a ti mismo/a solucionando de un modo eficaz cualquier asunto actual...

Tal vez se te presente la oportunidad de ver que las resistencias o cualquier obstáculo... son magníficas oportunidades para ver el asunto desde otra perspectiva y aprender algo nuevo o diferente tal vez...

Y ésta es una magnífica oportunidad para comprobar lo que decía el sabio Albert Einstein cuando postuló que no se puede solucionar un problema con el mismo pensamiento que lo generó...

Y tú sabes que se puede revisar también el pasado para traer al presente todos los momentos buenos y agradables... y de manera especial progresar hacia el futuro... con todas esas sensaciones de control y experiencia para afrontar los retos de la vida...

Y cuando hayas integrado todas esas experiencias y las actualices en el presente, puedes hacer una señal con el dedo SÍ para expresar que la experiencia se ha completado...

Y sigues ahí y empiezas a orientarte en tu interior... viajando hacia dentro... muy dentro... sea donde sea que ahora tengas que ir...

Hacia un lugar que sientes como el centro de tu ser...

Tal vez sea un lugar pacífico y tranquilo...

Es un lugar silencioso... y cuando estás en ese sitio en tu interior...

Es posible que tengas una sensación de encuentro de ti mismo/a...

Al menos de una parte de ti mismo/a...

Yo me refiero a esa parte tuya como tu fuerza interna...

Tal vez nunca lo hayas pensado... pero ésta es una parte que siempre ha estado ahí desde el momento de tu nacimiento...

Incluso aunque a veces pueda resultarte difícil sentirla...

Y aunque esto no tenga sentido para tu mente consciente... ahora está contigo... y es una parte de ti mismo/a que te ha permitido sobrevivir...

Tal vez ahora no te des cuenta... o no lo recuerdes...

Pero esa parte tuya te ha ayudado a superar obstáculos donde quiera que tú les hayas hecho frente...

Tal vez... te gustaría ahora tomarte unos minutos para conectar con esa parte de ti mismo... sigue orientándote en tu interior...

Vete hacia dentro... sea donde sea que habite esa parte de ti mismo/a... hasta que conectes con tu fuerza interna...

Como si revisaras la película de tu vida...

Y empezarás a notar que imágenes...

O sentimientos...

O tal vez pensamientos...

Tal vez emociones... y hasta sensaciones corporales están asociadas a estar en contacto con tu fuerza interna...

Y cuando aquellas imágenes o pensamientos...

Cuando esas emociones...

O sentimientos y sensaciones corporales...

O cualquiera que sea lo que hayas recordado...

Cuando todos esos recuerdos se presenten claramente para ti en tu mente interna...

Y cuando tengas la sensación de que la experiencia se ha completado...

Entonces tu dedo que expresa SÍ puede levantarse...

Toda persona tiene dentro de sí todos los recursos que necesita para resolver sus problemas... y tú no eres una excepción...

Tal vez nunca te lo habías planteado así...

Quizá porque no creías en ti mismo/a y en esos recursos internos...

Tal vez porque nadie te informó ni te ayudó a descubrirlos...

Ahora estás creando un efecto de distracción sobre tu mente consciente y todas sus creencias restrictivas y autolimitantes...

Ahora estás creando una receptividad terapéutica y una oportunidad para que recuperes y experimentes habilidades naturales...

Que tal vez habían sido olvidadas... dadas por descontado... o que tal vez tú no reconocías como propias...

Quizá tenga que pasar un tiempo... hasta que te des cuenta del cambio positivo que se está dando en ti...

Quizá tu relación con otras personas sea lo que mejor te indique el cambio y mejoría que se vayan produciendo en ti...

Quizá una de las cosas que más te sorprenda... sea descubrir que te vuelves más creativo/a... o imaginativo/a...

Esto se debe a que el trance hipnótico ocurre cuando se inhibe el hemisferio cerebral izquierdo y lógico... permitiendo de esta forma que el hemisferio derecho llegue a ser dominante...

Esto significa que cuando tu mente lógica se reduce, la razón ya no constriñe la toma de decisiones y te vuelves más creativo/a y sugestionable a ideas creativas y soluciones prácticas...

Hablamos de tu mente inconsciente para representar lo más profundo de tu mente...

Con este proceso terapéutico permites que afloren las condiciones de fuerza positiva emergente... es decir: tus procesos inconscientes pueden operar de un modo inteligente... autónomo y creativo...

Toda persona tiene a nivel inconsciente —y tú no eres una excepción— almacenados todos los recursos necesarios para transformar la experiencia...

Cambiar hábitos y conductas negativas...

Tómate un tiempo para reflexionar acerca de en qué hábitos o conductas negativos tú quieres ahora realizar algún cambio...

Trazarte unos objetivos...

Y ahora debes formular específicamente qué objetivo persigues y qué meta quieres alcanzar...

Utilizar recursos... y llegar a tu meta...

Qué recursos necesitas para conseguir tu objetivo y llegar a tu meta...

Este apartado del proceso se debe formular y analizar cuidadosamente y dedicarle todo el tiempo necesario.

Anclaje:

Bien, en el futuro cuando quieras entrar en contacto con tu fuerza interna... encontrarás que puedes hacer tal cosa uniendo los tres dedos de tu mano: índice, pulgar y medio...

Hacer tres respiraciones profundas y volverán... estas imágenes... pensamientos... sentimientos... y sensaciones corporales...

Y que al hacerlo así... estarás en contacto de nuevo con tu fuerza interior...

Y cuando estés en contacto con esa parte de ti mismo/a... serás capaz de sentirte más seguro/a... seguro/a y capaz... sabiendo que tienes dentro de ti mismo/a... todos los recursos que verdaderamente necesitas para avanzar en la dirección hacia la que quieres ir...

Así puedes establecerte objetivos y lograrlos... y puedes tener la experiencia de que tus sueños y proyectos se hacen realidad...

Cuando estás en contacto con esa parte de ti mismo/a... es posible sentirte más tranquilo/a... más optimista... mirando con ganas el futuro...

Ahora puedes tomarte un tiempo para proyectar ese objetivo tuyo particular...

Bien y ahora quiero que inhales lenta y profundamente por la nariz... retén unos segundos ese aire en tus pulmones... y al exhalar... expulsas todo el aire viciado... y te aflojas y relajas profundamente...

La bola de cristal

Modelado de Phillips & Frederick Erickson

Muy bien... ahora cuando estés listo/a... y con la ayuda de tu mente inconsciente... puedes imaginar una bola de cristal especial...

En esta bola de cristal... tu mente inconsciente puede proyectar una imagen grata...

Esa imagen representa lo mejor de ti mismo/a... cuando hayas alcanzado el objetivo que persigues...

Es la imagen de tal y como te verás cuando hayas integrado la experiencia que ahora estás proyectando en tu mente...

En esa imagen puedes verte libre de los sentimientos... pensamientos... emociones y sensaciones negativas... libre de toda angustia y malestar...

Bien, ahora tómate... un tiempo hasta que estés seguro/a de que ésa es tu meta... que esa imagen representa lo que realmente quieres conseguir...

Y cuando lo tengas claro... mueve tu dedo SÍ...

Bien... es posible que necesites más tiempo...

Y cada día que pasa tu inconsciente trabaja actualizando tus recursos internos...

Puede que tu inconsciente... sepa ya el cambio que se está dando...

Tal vez tú lo sepas esta noche a través de un sueño...

O en días... o noches venideras...

Tan sólo aguarda a que esto suceda...

Con este ejercicio basado especialmente en los modelados de uno de los mejores clínicos que trabajan con la hipnosis desde una perspectiva humanista, Peter J. Hawkins, el profesional recoge una amplia información acerca de los verdaderos motivos o sucesos que han originado el problema a resolver.

Las indicaciones dirigidas a hacer un inventario del pasado del sujeto para rescatar infinidad de momentos, sucesos y experiencias donde logró superar las dificultades le confiere una clara visión y confianza en su propio poder de superación. Ante las adversidades de la vida, la idea es clara: si en el pasado fue capaz de superar tal o cual dificultad, ahora que sabe más y puede más, también puede superar y trascender la situación problemática actual.

El anclaje se realiza para que, por asociación (o reflejo condicionado al estilo de Pavlov), al unir los dedos y establecer la respiración relajada y tranquila evocando momentos de éxito y seguridad, pueda volver a ese estado de control cuando lo necesite y en el momento adecuado para ello.

Explorando el trance hipnótico: Inducción naturalista o ericksoniana

Modelado libre de: Roger P. Aller (Guiones y estrategias en hipnoterapia, Edit. Biblioteca de psicología), Francois J.Paul Cavallier (Edit. Los libros del comienzo), Joseph O'connor y John Seymour (Introducción a la Programación Neurolingüística) y Bandler y Grinder (Trance Formate, Edit. Urano).

Ahora simplemente... cierra unos momentos los ojos... relajadamente... dejas que tus párpados se aflojen por dentro suavemente... y vas llevando la atención a tu respiración... cómodamente... simplemente percibe ahora con qué parte de los pulmones estás respirando... alta, baja o media de tus pulmones...

Y cuando percibas cómo tus ojos descansan detrás de tus párpados cerrados... tal vez sientas que es como si estuvieras mirando algo situado por encima del nivel de tu mirada... o como si miraras hacia arriba y adentro de tu cerebro... tal vez sientas como si tus ojos desaparecieran...

Y te relajas y adormeces un poco más, calmado/a y relajado/a... así a través de un canal temporal detrás de tus ojos cerrados... puedes regresar mentalmente... a un tiempo pasado... hasta la época de tu vida justo antes de que tuvieses el problema que has venido ahora a solucionar...

Puedes evocar, recordar tranquilamente cómo transcurría tu vida en aquel entonces... te das permiso para experimentar realmente... aquellos momentos... viendo lo que veías... sintiendo, escuchando... como si realmente estuviera sucediendo ahora de nuevo...

En estos momentos recuperas todas esas emociones... pensamientos y hasta sensaciones físicas de lo que experimentabas entonces...

Y simplemente disfruta de todo aquello, las sensaciones y emociones positivas... la seguridad y bienestar... sabiendo que puedes acceder a estas experiencias positivas y agradables cuando sea apropiado para ti...

Y tal vez ahora puedas abrir los ojos y focalizar la atención... en algo que encuentres por encima del nivel de tu mirada... cualquier objeto... la lámpara, un cuadro o dibujo... una cortina... el marco de la puerta... dos líneas que al juntarse forman un triangulo... o una forma redonda u ovalada... a algo de color verde o tal vez azul...

De modo que tendrás que volver tus ojos hacia arriba para verlo bien... quiero que te concentres en ello y, a la vez, vayas contando del 100 hacia abajo en forma descendente... y cuando sientas pesadez o cansancio en tus ojos... deberías cerrarlos y descansar... mientras que sigues contando mentalmente...

Pero hazlo como si vieras ese objeto físicamente... ahora sólo en tu imaginación... y antes o después, cuando sea apropiado para tu experiencia interna... lentamente... sin esfuerzo consciente por tu parte... sigues respirando lentamente... calmadamente... profundamente... y con cada exhalación que das... todo tu cuerpo... se irá relajando más y más profundamente... tus piernas y pies se vuelven cálidos, pesados y se adormecen...

Así vas dejando que la pesadez y relajación se extienda por todo tu cuerpo... el calor, pesadez y relajación se extiende por las piernas, masajeándolas... la espalda floja y abandonada al descanso... brazos sueltos y pesados caen a lo largo del cuerpo... abdomen... pecho... manos... cara y mandíbula... a cada exhalación larga, relajante y profunda, te adormeces y abandonas más... pesadez... calor... relajación profunda... sólo respirar y descender...

Y simplemente observas tu mano... tal vez la derecha... o quizá la izquierda... no importa... simplemente aguarda a que suceda... fácilmente...

Cuando notes una sensación... tal vez en algún dedo... aunque te sorprenda cuando ocurra... y mientras te preguntas cuándo y cómo... en qué mano o dedo va a suceder esa sensación... entonces deberías dejar que esa sensación se extienda al resto de la mano... a todo el brazo, desde la mano hasta el hombro...

Y esa sensación se torna movimiento... de tal modo que, para tu sorpresa, el dedo... o la mano o todo el brazo... se torna movimiento... y se eleva justo de donde está ahora descansando... y esas sensaciones y movimientos pueden fluir suavemente a todo el cuerpo... de tal modo que se vuelve ligero... como si flotara en el aire... como si fuera una pluma que flota ingrávida y el brazo... la mano incluso... puede subir lentamente... subir flotando... como una pluma...

Y no necesitas hacer nada para que suceda... simplemente experimentas una agradable sensación de flotar... y a medida que eso sucede... tus parpados pesados y adormecidos descansan y tus ojos se adormecen... encontrando esta experiencia agradable y placentera...

Así, en el futuro, en tu casa o en otro lugar... puedes hacer esto fácilmente por tu cuenta... todo lo que necesitas hacer es sentarte cómodamente en un sillón o cualquier lugar que sea relajante y confortable... dejar que el cuerpo descanse pesadamente y abandonado en ese lugar...

Cerrar los ojos y concentrar la atención en la respiración... todo fácil y cómodo... y a cada exhalación puedes decirte mentalmente a ti mismo/a... como si escucharas el eco de tu propia voz... relax... descanso... calma... o cualquier palabra que te resulte confortable... segura y capaz de generar la calma y tranquilidad que tu ahora necesitas... evocar esa imagen grata a los ojos de tu mente... esa sensación de tranquilidad... calma y seguridad... y dejar que esas sensaciones inunden todo tu cuerpo...

Y a cada nueva respiración... permites que esos sentimientos y pensamientos de control y confianza... se extiendan por todo el cuerpo... y cada vez que repitas este ejercicio profundizas más...

Y así, como la hipnosis es acumulativa, cuanto más realices este ejercicio, más control, calma y seguridad tendrás... ahora descansa y respira...

Respira, sí... porque donde está tu respiración está tu vida y en ningún otro lugar... simplemente respira...

Importante dentro del contexto de la inducción: se le pide a la persona que reconozca que no siempre tuvo ese problema, que antes estaba libre totalmente de este condicionante.

Justo antes de que tuvieses el problema que has venido ahora a solucionar...

Esta inducción hipnótica resulta una magistral demostración de cómo realizar la hipnosis naturalista o ericksoniana con sus múltiples aspectos metafóricos, simbólicos y prácticos para producir, primero, el estado de trance y, segundo, la activación de potencialidades y recursos de la mente inconsciente para el cambio de la experiencia y la consecución del objetivo.

Una vez realizado este proceso y según sea el resultado obtenido, si procede se pasará a realizar un abordaje en PNL para proyectar su estado deseado, mediante la meta a conseguir bien representada por una imagen grata a los ojos de sus mente.

Ejercicio clásico de PNL: Cómo pasar del estado actual al estado deseado

Modelado libre de: Roger P. Aller (Guiones y estrategias en hipnoterapia, Edit. Biblioteca de psicología), Francois J.Paul Cavallier (Edit. Los libros del comienzo), Joseph O'connor y John Seymour (Introducción a la Programación Neurolingüística) y Bandler y Grinder (Trance Formate, Edit. Urano).

Personalmente prefiero inducir primero la hipnosis y luego realizar el proceso tal y como se nos muestra en la tradicional orientación en PNL. Pero, no obstante, se puede combinar trance hipnótico y PNL. Cada profesional en psicoterapia sabrá cuál es la opción más apropiada teniendo en cuenta la idiosincrasia particular del paciente.

Bien... y ahora pasamos a tu situación o meta deseada... de momento olvídate del problema actual y piensa sólo en lo que sí quieres o deseas alcanzar... piensa sólo en lo que sí quieres... ¿de acuerdo?, tranquilamente, sin prisa, tómalo con calma... y cuando lo tengas claro en tu mente, en tus emociones y en todo tu ser... dímelo...

Si antes se ha establecido la respuesta ideo–motriz se utilizará en lugar de la palabra.

Observa cómo es tu respuesta interna, ¿cómo te representas mentalmente tu meta deseada?¿cómo haces mentalmente para saber lo que realmente deseas?

Bien, vamos a profundizar un poco más... tienes que ser más específico/a en tu proyecto de cambio, en tu proyecto para lograr tu estado deseado... ¿cómo quieres ser concretamente? ¿cómo quieres pensar, sentir y actuar cuando llegues a tu estado deseado?

Ahora echa un vistazo en ese futuro... como si ya lo estuvieras vivenciando ahora mismo... ¿cómo crees que puede transcurrir tu experiencia del cambio?... ¿qué escucharás? ¿qué verás? ¿qué sentirás?

Imagínatelo todo en esas situaciones en las que te comportas de otro modo, más capaz y seguro/a, diferente y con más confianza que actualmente...

De acuerdo, déjalo archivado ahí en tu mente... más adelante lo volverás a utilizar... ahora echa otro vistazo, quiero que explores tranquilamente...

¿Qué quieres tener? Esto es como un programa que se graba en un archivo y luego se reproduce en el contexto apropiado...

Bien, de momento, deja todo archivado en tu memoria subconsciente... confiando en tu parte creativa que coopera con nosotros/as a la hora de producir el cambio deseado... de momento relájate un poco más... siente cómo sube tu pecho y cómo baja con la respiración... aflojando, relajando, dejándote ir...

Y ahora pasamos al estado o situación presente, es decir, tu estado actual... ¿cómo eres y te comportas en tu vida actual? ¿qué piensas, qué sientes, qué haces en tu vida diaria?

Echa un vistazo a tu situación real y explora qué es realmente lo que quieres cambiar, qué es específicamente lo que condiciona tu vida... cuando tengas suficiente información, dímelo...

Muy bien, quiero que hagas esto ahora: confronta tu estado actual y sus condicionantes con el estado deseado y sus ventajas...

Tenemos dos aspectos vistos, uno es el estado deseado y otro el estado presente... quizá haya mucha diferencia, o tal vez no, ahora no importa eso, lo que sí importa es que te hagas consciente de algo muy importante:

Una es cómo te sientes, piensas, respiras y actúas en tu vida cotidiana... explora eso...

Y la otra es cómo realmente deseas sentirte, pensar, respirar y actuar... explora eso...

Escucha atentamente, seguramente tú tienes una parte creativa... y esa parte tiene recursos... potencialidades... a nivel inconsciente sabes más que conscientemente... conscientemente, por ejemplo, no has podido realizar el cambio que tú deseas, ¿verdad?, si lo hubieras conseguido, no estarías hoy aquí, ¿no es cierto?...

Bien, entonces veamos qué se puede conseguir con tu mente inconsciente... tienes que aprender a programar tu inconsciente hacia el objetivo, pensar sólo en lo que sí quieres, olvidarte de lo que no quieres, el trance hipnótico es un amplificador de tus capacidades de cambio, todo es cambio, nada permanece igual, todo se mueve, todo se transforma...

Al fin y al cabo tu cuerpo cambió, también cambiaron tu mente y tu forma de pensar, ya no eres aquel niño/a que jugaba con algún juguete, ¿verdad?...

Piensa entonces y formúlate las preguntas clave: ¿Cuáles son mis objetivos? ¿Qué es importante para mí?

¿De este objetivo, qué es para mí realmente importante? ¿qué es lo que realmente aprecio o valoro en él? ¿qué significado tiene este objetivo para mí si lo consigo?

Muy bien, seguimos explorando, al disponer de un objetivo, es decir, de una misión clara de lo que sí quieres, tu mente inconsciente, tus recursos internos y tu imaginación se comprometen con el logro de la misma... ya tienes un propósito, nunca puedes predecir de antemano las cosas que te pueden suceder mientras realizas tu misión, así que te mantienes firme pero flexible en tu proceso...

Así es que tu inconsciente, a través de tu creatividad y tu imaginación, puede hacer ahora por ti exactamente lo que esos exploradores del cosmos, porque, igual que ellos mostraron esa visión de conjunto a los seres humanos, tú también puedes percibir espacialmente el conjunto de tu misión y proyecto hacia el que te encaminas con este proceso hipnótico... imaginar espacialmente la película de tu objetivo a conseguir te ayudará a ser consciente del compromiso contigo mismo y te recordará lo que quieres conseguir... ahora simplemente estás aprendiendo, exploremos esto...

Con la ayuda de tu mente inconsciente viaja en el tiempo, retrocede hasta tu niñez, recuerda como de niño/a, realizabas esfuerzos por aprender, es como si a través del túnel del tiempo te transportas a tu primera infancia, evoca aquella etapa de feliz aprendizaje: todo lo aprendías rápido, echa un vistazo a lo que te rodea, las personas, las cosas, los objetos, los muebles son tan grandes a tu visión de niño/a que, para verlos tienes que mirar hacia arriba y levantar la mirada, mira con los ojos de tu niñez...

Observa tu capacidad para aprender... estas aprendiendo rápido, activamente con la capacidad de asombro, día a día aprendes nuevas cosas, el lenguaje, diariamente nuevas palabras, estás aprendiendo sin darte cuenta, fórmulas matemáticas, reglas gramaticales, todo automáticamente, inconscientemente... esa capacidad de aprender sigue viva dentro de ti, tienes enormes capacidades, habilidades y recursos... gran parte de ello, desconocido o no valorado por ti...

Tienes más de 15.000 millones de células cerebrales que centellean a lo largo de una red de conexiones equivalentes a las de mil ciudades... tienes más de 300 millones de alvéolos pulmonares que proveen de oxígeno a los más de 100 billones de células de tu cuerpo... cuentas con todo tu organismo, tus músculos, tu aparato locomotor, el aparato cardiovascular, tu cerebro, tu mente con sus infinitas potencialidades de pensar, discernir, imaginar, soñar, amar, proyectar, cambiar y modificar conductas y patrones de comportamiento que ya no tiene sentido mantener... tú tienes y constituyes el sistema con más diversidad de capacidades conocidas entre todas las criaturas del universo conocido...

Ahora en esa visión de conjunto, igual que la visión cósmica de los astronautas contemplando la Tierra desde el espacio, forma una imagen única y grata a los ojos de tu mente... puedes contemplar tu sistema nervioso como un sistema de potencialidades y habilidades sin igual en el universo conocido... cuando estés proyectando tu estado deseado y dudes, deja que surja ante ti esta imagen global de tu propio universo interior, y volverá la confianza y el compromiso de tu proyecto, la duda se volverá certeza y confianza... haz aquello que ames...

¿Qué te gusta tanto que pagarías por hacerlo? ¿qué te ves haciendo dentro de un año o tal vez cinco?

Alíneate con tu misión, pregúntate internamente: ¿cómo se relaciona esta misión con las responsabilidades de mi trabajo y vida actual? Explora las respuestas...

¿Cómo se relaciona este compromiso con mis seres queridos, mi familia y círculo de amistades? Explora las respuestas... ¿Cómo se relaciona esta misión conmigo y mis valores internos? Explora esas respuestas...

Exploración de las resistencias

Ahora debes respetar y poner atención interna a las posibles partes que ofrezcan resistencia a que tú alcances tu objetivo o a que realices cambios... quiero que te centres en ese aspecto importante, formula una pregunta en tu interior: ¿alguna parte dentro de mí ofrece resistencia y no quiere que yo realice un cambio? ¿alguna parte interna de mí mismo/a no quiere que yo alcance mi estado deseado?

Presta atención a cualquier voz interna, sentimiento o imagen que te indique esa resistencia... debes negociar con cualquier parte, sentimiento, voz interna, dudas o miedos que te impidan avanzar... las partes internas intentan protegerte y quieren lo mejor para ti, se pueden equivocar en la forma pero no en la intención... son partes tuyas, de tu yo total y sólo quieren lo mejor para ti... Explora eso y ve qué aprendes...

Cualquier duda, resistencia o pensamiento negativo lo vas a respetar, a tener en cuenta, a veces alguna parte puede tener miedo al cambio... esa parte intenta mantenernos en la posición de siempre, en lo conocido, por seguridad, en todo caso pídele perdón a esa parte tuya por no haberla tenido en cuenta en el pasado, agradécele estar ahí, intentando hacer algo bueno para ti, esa parte necesita sentirse atendida y valorada...

Muy bien, ahora ya tienes un estado deseado, tienes una situación actual que quieres cambiar... piensa en esa resistencia como la demostración de que ahora tienes más conocimiento, más poder, información... tienes otra visión que antes no tenías...

Pero tienes mucho más: si miras hacia atrás en tu memoria, tal vez descubras que cargas un lastre, cosas y sucesos que te han ocurrido, experiencias de todo tipo, buenas, malas y regulares, quizá desde la infancia, adolescencia... miedos, complejos, falta de seguridad, sentimientos de culpabilidad... todo eso lo arrastras junto a recursos, habilidades aprendidas, cosas que son un lastre pero también cosas que te pueden hacer avanzar...

¿Qué tenemos ahora?

Más información, más puntos a tu favor, ¿no te parece?, más datos, más recursos, más conocimiento sobre ti mismo/a, sobre tu realidad...

Bien, déjalo todo ahí archivado, más adelante volverás a por todo eso... ahora quiero que medites un momento sobre algo importante, todo eso son, al fin y al cabo, recursos, experiencia muy valiosa... para que lo comprendas mejor, ahora te invito a que hagas un viaje hacia dentro de ti mismo/a... recuerda siempre una cosa: dentro de ti hay uno que sabe más de ti que tú mismo...

Viaja dentro, hacia un lugar en tu interior, silencioso, pacífico y sabio, es como adentrarte en un lugar que sientes como el centro de ti mismo/a... y cuando estás en ese sitio es posible que tengas una sensación de encuentro de ti mismo/a, una parte esencial, segura y capaz, la conocerás como tu parte creativa, fuerte y llena de recursos... la llamaremos tu fuerza interna... toda persona tiene dentro de sí a nivel de su inconsciente esa parte llena de experiencias y conocimientos acumulados a lo largo de la vida...

Y tú no eres una excepción...

Cuando revisas tu vida pasada, verás que has pasado muchas experiencias de todo tipo, circunstancias, momentos y situaciones donde lo pasaste mal o tuviste momentos de angustia, incertidumbre... no obstante, fuiste capaz de superarlo todo y ahora estás aquí con más conocimiento y más seguridad en ti mismo/a... esa fuerza interna ha estado siempre contigo, desde el momento de tu nacimiento y estará con más motivo en este proyecto hacia el que te encaminas... de igual manera que superaste dificultades en el pasado, lo harás cuando se presenten en el futuro...

Ahora simplemente medita...

Recuerda las palabras de Goethe:

"Haz todo aquello que puedas hacer o sueñes que puedes hacer. La osadía lleva consigo genio, poder y magia".

Inducciones hipnóticas clásicas

Modelamos a continuación dos inducciones hipnóticas cuya característica común es que requieren fijación ocular.

La primera es la clásica fijación en los ojos del hipnotizador.

La segunda es el no menos clásico péndulo (técnica derivada de James Braid, el llamado padre del hipnotismo moderno).

Las recojo aquí con el fin de que el profesional pueda utilizar también algunas técnicas clásicas de inducción hipnótica.

Estos ejercicios sirven tanto para evaluar el nivel de aceptación de las sugestiones, como para realizar la inducción al trance propiamente dicho.

Fijación ocular

Se puede acompañar con la sujeción del brazo en alto y sugestiones

Ahora focaliza la mirada en mis ojos... fijamente y sólo en mis ojos... intentas no parpadear y, si lo haces, que sea lo menos posible... tu brazo cada vez más y más pesado...

Ahora iré contando del 10 hasta el 1 en forma descendente... a cada número y a medida que tus parpados pesan y se van cerrando... sentirás tu brazo cada vez más pesado y cansado... pesado como el plomo... voy contando y vas profundizando... 9, 8, 7 cada número tus párpados más y más pesados, se van cerrando... cansados y muy pesados... se van cerrando, no porque yo te lo diga, sino porque tú lo permites... 6, 5, 4, tus parpados cansados y muy pesados... dejando caer todo el peso del cuerpo sobre el sillón.. 3, 2 y ¡1! Ahora dejas caer pesado y abandonado también el brazo... los parpados se cierran y descansas plácidamente... todo el cuerpo pesado y abandonado...

Se siguen realizando sugestiones sensaciones de peso, sopor, descanso, etcétera.

Para profundizar en el trance se sugestiona con la clásica bajada por una escalera, con la fraseología de bajar peldaño a peldaño.

Fijación en el péndulo

Pon tu brazo en alto y mira fijamente el péndulo...

Simplemente mira fijamente el péndulo... tu brazo pesa... muy bien, mira fijamente el péndulo... y ahora iré contando del 25 hasta el cero... cada número impar cierras los ojos y profundizas... cada numero par abres los ojos mirando fijamente el péndulo... cada vez que cierras los ojos descansas y profundizas... bien y ahora empiezo a contar: 25 y cierras los ojos... 24 abres los ojos y miras fijamente el péndulo... 23 cierras los ojos y profundizas en tu nivel de trance, cómodo/a y seguro/a...

Seguir contando.

Los parpados pesados y cansados... y cuando llegues al cero cerrarás los ojos y tu brazo caerá pesado como el plomo...

Se persigue con estas inducciones conocer y practicar la desviación de la atención para lograr una mayor inhibición de la mente consciente, lo que permite un mejor acceso al inconsciente y sus contenidos.

Con esa metodología se logra disponer a la mente para el desarrollo de la sugestionabilidad. De esta manera, facilitamos que las potencialidades del inconsciente, como fuente de recursos y experiencias, emerjan en el contexto apropiado para ser utilizado hacia la resolución de problemas, cambio de patrones de conducta y el logro de objetivos.

Fundamentos de toda inducción hipnótica

A través de una serie de estímulos repetidos y monocordes (en los cinco sentidos de percepción) dirigidos al córtex, éste se inhibe, se activan los funcionalismos del inconsciente y, por sugestión, actuamos sobre el mismo.

Los estímulos repetidos dirigidos a la parte consciente, córtex cerebral, pensamiento, discernimiento, razonamiento, logran inhibir los procesos conscientes de forma que la mente racional se calma y se activan las funciones del subcórtex o subconsciente. Ahí hemos llegado al punto esencial de las posibilidades del trance hipnótico, ya que se activa la zona talámica y todo el sistema límbico, asiento de las emociones entre otros funcionalismos psíquicos.

Es la zona anatomofisiológica del hemisferio cerebral derecho la que se potencia; la zona del hemisferio izquierdo, pensamiento, razonamiento, análisis... se inhibe quedando más pasiva, aunque en modo alguno esté ausente.

Todo esto se relaciona con las ondas alpha y theta, otro aspecto controvertido por los estudiosos de la técnica hipnótica sobre el que arrojan mucha luz las investigaciones de la doctora Helen Crawford, de la Universidad de Virginia, en Estados Unidos.

Se puede decir que todo está relacionado: hemisferio derecho, subconsciente, trance hipnótico, sugestionabilidad, emergencias espirituales (cualquier explicación es en su base teórica algo descriptivo pero no demostrativo de nada), es decir, hay muchas escuelas de psicología que explican la hipnosis y su proceso con supuestos teóricos diferentes.

La gran controversia parece no tener nunca fin en relación con la hipnosis.

Unas veces por exceso y otras por defecto, el caso es que nunca se ha mostrado la realidad sobre la hipnosis. Es decir, existe una dimensión del fenómeno relacionado con el trance hipnótico que sólo puede ser realmente entendido si se comprueba mediante la experiencia personal: aquí tenemos lo experiencial (autohipnosis, sobre uno mismo) en lugar de lo experimental (sobre los demás, exploraciones de los niveles de trance con otros).

Ejercicio básico de formulación de objetivo a modo de ensayo

Se puede realizar antes o después de los ejercicios iniciales: la recogida de información o consultando con el inconsciente. Será decisión del profesional según su experiencia teórica y, sobre todo, práctica.

Modelado

¿Quién soy yo?

La persona que está abordando la consecución de su meta y la solución de su problema escribe tres frases o palabras, en orden de importancia. Es decir, se busca la percepción o autoimagen que tiene de sí mismo/a.

Aquí el terapeuta hace de guía, simplemente formulando determinadas preguntas para que el cliente/a, que es el verdadero explorador (protagonista), busque respuestas que le ayuden en el proceso.

También se puede hacer entre dos personas que no estén haciendo terapia profesional alguna, pero que tengan interés en poner en práctica estos ejercicios, que son de gran ayuda y clarifican muchos aspectos de nosotros/as mismos/as.

Ejemplo:

Dos personas. Uno/a es el explorador/a, mira su respuesta, se conecta consigo mismo/a y cierra los ojos.

El guía dice:

Coge aire lentamente y al exhalar lentamente déjate ir... saca eso fuera de ti...

Y, a continuación, debe comenzar por hacer preguntas tales como:

¿Te ha sido fácil o difícil dejarlo marchar? Ahora que lo has dejado marchar, en qué eres diferente... en qué sigues igual... ahora que lo has dejado marchar, te gustas más o menos... qué puedes hacer que antes no hacías... qué no podrás hacer que antes sí hacías... dejar marchar eso, para qué te sirve...

Cuando se ha realizado este circuito de preguntas se habla de cualquier cosa intrascendente.

Después, el guía dice:

Coge aire lentamente y recupera eso...

A continuación, inicia las mismas preguntas pero a la inversa, es decir:

¿Recuperar eso te ha resultado fácil o difícil?

Así, una por una, todas las preguntas, sólo que ahora es recuperar a cada inhalación.

El guía se abstiene de hacer comentarios

Finalmente se explora el resultado, a qué conclusiones llega el explorador/a. Y aquí el profesional interviene sólo para clarificar o hacer comprender algún aspecto que sea confuso para el guía. En lo posible, tratará de mantenerse como simple guía y no debe condicionar ni influir acerca del sentido o significado del ejercicio. Debe ser el guía el que saque sus propias conclusiones.

Modelado básico basado en las premisas de la PNL

Cuestionario de buena formulación de objetivos

Las preguntas que deberán realizarse son:

¿Qué deseas conseguir específicamente?

Busca primero el Estado deseado.

¿Qué pensarás?

¿Qué sentirás?

¿Qué harás?

El contexto concreto.

¿Cuándo lo quieres?

¿Dónde lo quieres?

¿Qué esperas conseguir?

¿Qué piensas conseguir?

¿Con quién lo quieres?

¿Cuándo no lo quieres?

¿Dónde no lo quieres?

¿Con quién no lo quieres?

Evidencia sensorial de haberlo alcanzado.

¿Cómo te darás cuenta de que has alcanzado tu objetivo?

¿Qué verás y escucharás?

¿Qué te dirás a ti mismo/a o sentirás?

¿Qué percibirán los demás?

¿Cómo lo sabrán los demás?

¿En qué vas a notar que tu vida cambia si tu objetivo se cumple?

¿Qué ocurrirá cuando cumplas tu objetivo?

¿Con quién notarás ese cambio?

¿Dónde se dará el cambio?

Dependencia exclusiva de la persona.

¿Es realista alcanzar tu objetivo?

¿Depende exclusivamente de tus actos el alcanzar tu objetivo?

¿Tiene tu objetivo el tamaño adecuado... es demasiado grande... pequeño?

¿Qué recursos necesitas para alcanzar tu objetivo?

¿Los tienes ya?

Piensa en los recursos que necesitas emplear para alcanzar tu objetivo. Haz una lista de los recursos principales que ya tienes para alcanzar tu objetivo. Piensa en los recursos o capacidades adicionales que te puedan ser necesarias y quizá necesites desarrollar.

¿Cómo has elegido tu objetivo – actividad?

Recuerda en qué momentos has utilizado más hábilmente los recursos que ya posees.

Recuerda cómo los utilizaste entonces y cómo puedes emplearlos ahora.

¿Cuál ha sido tu mejor experiencia profesional?

Define cómo puedes desarrollar las capacidades adicionales que consideres necesarias para alcanzar lo que te propones.

Describe qué más necesitas hacer o creer, qué cosas deberías potenciar en tu carácter para alcanzar tu objetivo.

Define qué cosas te pueden impedir, ahora mismo o en el futuro, alcanzar lo que deseas.

Limitaciones, explorando la resistencia.

¿Qué cosas pueden impedirte lograr tu objetivo, ahora mismo o en el futuro?

A pesar de eso, ¿qué te empuja a lograrlo?

¿Cuál es tu mayor motivación acerca de ese logro?

Marco ecológico. Aplicando las soluciones en el contexto apropiado.

¿Cómo cambiaría o se vería afectada tu vida si lo alcanzas?

¿En qué te beneficias si lo logras?

¿Qué podrías perder al conseguirlo?

¿Cómo se vería afectado tu entorno?

¿Cómo afectaría a tu familia?

¿Cómo afectaría a tu trabajo?

¿Cómo afectaría a tus relaciones personales?

¿Cuáles serían para ti las mejores condiciones de trabajo ideales?

¿Qué supone para ti una verdadera victoria o fracaso?

¿Cómo defines tú la eficacia?

¿Qué parte le otorgas tú al ocio en tu vida?

Tú has emprendido un proyecto importante.

¿Qué podría evitar que lo acabases?

A pesar de ese obstáculo, ¿qué te motivaría a seguir intentándolo?

Ahora imagina que el obstáculo desaparece, ¿qué te impediría llegar a tu meta?

Imagina que ya has alcanzado tu objetivo, ¿te gustarás más o menos?

¿Qué es diferente en tu vida?

¿Qué sigue igual?

¿Qué puedes hacer ahora y antes no?

¿Qué podías hacer antes y ahora no?

Bien, conseguir tu meta, ¿para qué te sirve?

Beneficios secundarios (ganancias).

Área del problema.

Estado actual: ¿qué piensas?, ¿qué sientes?, ¿qué haces?

¿Qué beneficios obtienes de tu situación actual?

¿Qué pierdes si logras tu objetivo?

¿Estás dispuesto/a a perderlo?

Visualiza el proyecto o imagen grata.

Piensa en ese proyecto ya conseguido a corto plazo: imagínalo ya completado.

Toma la imagen del objetivo ya conseguido y agrándala.

Consigue visualizar una gran imagen mental en la que estés tu presente.

Mira con atención todos los detalles y nota todo lo que ocurre.

Disóciate de la imagen y sigue mirándola, pero ahora desde una fase de evaluación: al mirar la imagen, ¿te sientes satisfecho/a?, ¿tu proyecto es claro y coherente?, ¿tendrías que cambiar algunos elementos de la imagen?, ¿qué pondrías a la imagen para que fuera más atractiva: color, movimiento, sonido, música, palabras o qué?

Área del Meta–Observador, que observa al observador del problema.

Es importante saber si tu objetivo es conforme a tus posibilidades: tu meta existencial, tu estilo de vida, tus creencias y criterios, tu sistema o escala de valores.

Hay que proceder a la evaluación de todo el proceso. El resto del mismo estará condicionado y dirigida por el núcleo del verdadero problema a resolver o por la meta específica a conseguir.

El cliente y el profesional evalúan y deciden en qué dirección tiene que continuar la psicoterapia.

Modelados de cambio en hipnoterapia

Modelado de 'Trance–Formate', Grinder y Bandler.

Colócate en una posición cómoda y relajada, y tal vez hoy, te apetezca cerrar los ojos unos momentos, para orientarte en tu interior...

Sea donde sea que ahora tengas que ir...

Para acercarte hacia esa percepción de ti mismo/a, siendo consciente de que dentro de ti habita alguien que te conoce más a ti que tú mismo/a...

Y me gustaría que compruebes por ti mismo/a que puedes utilizar esta información que aquí desarrollamos con la hipnosis de una forma que sea muy práctica, a través de la cual tú puedas realizar aquellos cambios que deseas en tu vida...

Y me gustaría que tú descubras el tremendo potencial de tu mente inconsciente...

Puedes sentir ahora, puedes percibir tus ojos detrás de los párpados...

Como si tus ojos estuvieran vueltos, arriba y adentro... hacia un punto donde simplemente desaparecen...

Y puedes sentir cómo las manos descansan sobre los muslos, incluso puedes darte permiso para experimentar el peso, tus brazos tienen un determinado peso...

Puedes calcular, sentir cuánto pesa tu brazo izquierdo, tu brazo derecho...

Y simultáneamente puedes empezar a modificar un poquito la respiración procurando que la exhalación sea más larga que la inhalación, sí, me gustaría que por ti, por ti mismo/a, por tu propia experiencia, descubras ese potencial, esas habilidades, esos recursos que pertenecen a tu mente inconsciente...

Y tu inconsciente es esa parte de ti, de tu mente, que actúa todas las noches cuando tú duermes plácidamente...

Esa mente inconsciente que crea los sueños, tus proyectos, tus fantasías...

Y tal vez descubras ahora, o antes de que acabe esta sesión, que tú puedes hacer realidad tus sueños...

Realmente yo no sé cómo hace tu mente para soñar una cosa y no otra...

Tú tampoco lo sabes, aún así sueñas...

Esos sueños enriquecedores, bonitos, agradables, placenteros...

Sueños a través de los cuales obtengas respuestas a algunas preguntas...

O puedes también tener sueños que no sepas interpretar conscientemente...

Es como si el inconsciente estuviera utilizando un lenguaje que no entiende tu consciente, y tal vez te lleve un tiempo aprender a comprender cómo interpretar, cómo saber lo que tu mente inconsciente quiere transmitir a tu parte consciente...

Y, tal vez, descubras muchas cosas que pueden ser muy importantes para ti si aprendes a escuchar la voz de tu mente inconsciente...

Si siempre haces y siempre piensas como has pensado siempre, siempre obtendrás lo que siempre has obtenido...

Deja que aparezca en la pantalla la imagen, una imagen grata a los ojos de tu mente...

Esa imagen que representa tu meta a alcanzar, tu sueño...

Si tienes algún sueño, proyéctalo en la pantalla...

Puedes proyectarlo. Ese sueño, ¿cómo lo representas en tu imaginación?

¿Qué quieres? ¿Cómo lo quieres? ¿Dónde? ¿Con quién y para qué?

Cuando lo tengas claro, dejarás que tu mano se eleve, se despegue justo de donde la tienes ahora y empiece a elevarse...

Como si un resorte automático inconsciente la elevara a la altura del hombro...

El brazo estirado, la mano relajada...

Eso ocurrirá cuando ya tengas bien proyectada en la pantalla de tu mente la imagen de tu sueño, de tu proyecto realizado...

Simplemente permite que el brazo se eleve, (tú no lo levantas conscientemente), sino que permites que el brazo vaya elevándose...

Y la imagen de ese sueño que tú quieres realizar estará cada vez más clara dentro de la pantalla...

Incluso puedes darle movimiento, un sonido, un color...

Hasta hacerlo suficientemente grato...

Y después deja que los pensamientos negativos se vayan con la música.

O buscar sonido ambiente o música u otro recurso.

Si estás manejando cualquier pensamiento negativo, déjalo marchar...

Sigue concentrando la atención en esa meta, en ese objetivo...

Y después, cuando lo tengas claro, dejarás que el brazo realice otro movimiento...

Aquel movimiento que sea más apropiado para ti, y que te ayudará a profundizar en tu nivel de trance...

Tal vez el brazo empiece a subir, subir y subir, notándolo liviano como una pluma, hacia arriba en el techo...

O tal vez el brazo caiga pesado...

Pesa una tonelada. Y te hundas más y más...

Y mientras que ocurre aquello que sea más apropiado para ti y tu proyecto personal...

Recordemos cómo utilizamos las metáforas diariamente...

Gran parte de nuestra vida nos la representamos y mostramos a los demás utilizando formas simbólicas o metafóricas...

Muchas veces hemos oído: "esa persona tiene un brillante futuro" o "tiene un pasado oscuro y no es de fiar" o "esa persona es astuta como un zorro".

Utilizamos metáforas, sólo que para la mente inconsciente son descripciones literales del pensamiento de quien las dice...

Lo importante es que representan una clave para aprender cómo cambiar la experiencia negativa en positiva...

¿Cómo estás, cómo te sientes? "Me siento hecho polvo, me siento hundido/a, me siento como en un agujero, como si algo me aplastara"...

Miramos y ni está hecho polvo, ni nada le aplasta ni está en un agujero...

Son formas metafóricas de hablar, y la metáfora de cómo te representas un problema te está dando la clave de cómo cambiarlo...

No quiero que pienses demasiado conscientemente en nada de lo que te esté diciendo aquí o no te esté diciendo...

Lo importante es que tú ahora, probablemente no te das cuenta, sólo que a medida que escuchas mi voz, se está modificando tu respiración...

Has empezado con un tipo de respiración cuando mi voz ha comenzado a hablarte...

Y ahora, sin darte cuenta, automática e inconscientemente has ido cambiando la respiración...

Se está haciendo más profunda, más poderosa... Cada vez estás respirando más lentamente, relajadamente...

Dejando descender desde la parte superior de la cabeza hacia abajo, una agradable sensación de relax, de sopor y descanso...

El cuerpo se va relajando de arriba a abajo, como si una ola de relajación, de calma y de paz poco a poco descendiera sobre ti...

De igual manera enlentece también el latido cardíaco, más suave y más tranquilo...

Tu corazón bombea la sangre que circula por todo tu cuerpo...

Seas o no consciente de ello, e incluso sin necesidad de saber cómo es que sucede... ¿cómo hace el corazón para latir rápido o más lento?

¿Cómo sabe el corazón cuándo latir más deprisa, bombear más sangre, transportar más oxígeno para la combustión y la energía que necesitan los músculos?

¿Cómo sabe el corazón cuándo parar, disminuir porque ya no necesita transportar tanto oxígeno?

¿Cómo hace el corazón para enlentecer poco a poco?

Seas consciente o no de ello, eso sucede en tu interior, estando tu mente consciente ocupada en cosas del exterior...

Así es que ¿cómo hacen tus pulmones para respirar?

Claro que si te lo preguntas, realmente tus pulmones dirían que ellos no respiran, simplemente ventilan...

La verdadera respiración ocurre a través de las células...

Acaparan oxígeno, energía y amor a la vida y sueltan anhídrido carbónico y otras sustancias de desecho con la exhalación...

Y toda esa maravilla, ese proceso ocurre... esa alquimia maravillosa ocurre constantemente en nuestro interior sin que la parte exterior o el consciente sepa cómo...

O sea que así compruebas ese maravilloso trabajo interno de tu mente inconsciente...

Este lado más bien físico, vegetativo, fisiológico ¿cómo hace tu cuerpo para mantener la temperatura?

¿Cómo se abren y se cierran los poros de tu piel según haga calor o frío?

Pensamos que lo controlamos todo, que lo sabemos todo sobre nosotros/as, pero ¿cómo haces para que los latidos de tu corazón bombeen constantemente?

¿Cómo haces para que tus funciones vitales sigan en orden mientras duermes?

¿Cómo sabes qué puedes y qué no puedes llegar a conseguir?

¿Cómo sabes hasta dónde alcanza tu potencial?

¡Tu mente inconsciente tiene muchas más capacidades de las que crees; experimenta, recurre a ella, atrévete a explorar sus posibilidades!

Quizás empieces a ser consciente de todo ello, o quizá lo que más notes ahora sea una agradable sensación de pesadez, de flojedad, de descanso en tu cuerpo a medida que escuchas mi voz y los sonidos internos y externos...

Y todo eso te ayuda a ser consciente de este momento presente ahora, aquí...

Me gustaría que permitieras que tu cuerpo se hunda más y más abandonado...

Más y más adormecido. Tal vez sólo de cuello hacia abajo...

Y con cada nueva exhalación con cada nuevo aliento que das...

Duerme profundamente descansado/a de cuello hacia abajo...

De cuello hacia abajo el cuerpo se hunde más y más...

Más pesado dormido y abandonado...

De cuello hacia arriba tu mente consciente se expande, se relaja, se centra en mi voz. Y puede estar despierta, ya que cuando el cuerpo duerme...

Tú cuerpo, vaso sagrado de la vida, duerme... y tu cerebro duerme...

Y cuando tu cuerpo y tu cerebro duermen, tu inconsciente tiene acceso a otras verdades, y sigues viajando hacia dentro...

Orientándote en tu interior. Sea donde sea que ahora vayas...

Y quiero que ahora hagas algo muy sencillo...

Por ejemplo, piensa en este momento cómo te imaginas un hecho agradable en tu futuro inmediato...

Sí, trasládate a un futuro inmediato, a otro lugar...

A un contexto en el que tú probablemente vayas a estar, en los próximos días, imagínate allí en días venideros...

¿Qué te gustaría que sucediera?

Y cuando lo tengas en tu mente me gustaría que me hicieras una señal...

Muy bien, imagina un hecho agradable en tu futuro inmediato...

¡Y mantenlo ahí, eso es! Y me gustaría que iluminaras más la imagen, dale color.

Esa imagen con más color, con movimiento...

Hazlo hasta que compruebes cómo varían tus emociones, tu actitud...

Cuando lo consigas hazme de nuevo una señal...

Por lo general, cuando se ilumina y se da movimiento a una imagen la gente se siente más expectante...

Tal vez tú te sientas más expectante también ante eso...

La mayoría de las personas responden más fuertemente a una imagen más brillante, mejor iluminada, ven en el cine unas imágenes, unas escenas, quieren magnificarlas...

Cuando se quiere causar un impacto en el espectador, sacan un primer plano...

Lo hacen más grande, con un color especial, e incluso, con una música de fondo que magnifica toda la escena...

Haz una respiración profunda y al exhalar vete al pasado...

A un recuerdo agradable, retrocedes en tu memoria con la ayuda de tu inconsciente y trae un recuerdo agradable...

Y literalmente torna los colores más brillantes, más intenso. Hazlo...

Y mira a ver qué sensaciones corporales o emociones experimentas al recordarlo todo con más color...

Compruébalo, no lo creas, compruébalo...

Es tu experiencia, vívela...

Cuando lo hayas conseguido hazme una señal...

Muy bien...

Ahora haz de nuevo una respiración, suave, lenta, profunda...

Y al exhalar sigues viajando hacia el pasado...

Y vas a poner atrás, a tus espaldas físicamente, detrás de ti, algo del pasado que aún te molesta...

Cualquier situación o experiencia...

Mira a ver dónde te molesta, pon la imagen más atrás...

Más, más atrás, un poquito más, a tus espaldas, hasta perderla de vista...

Hasta que la imagen sea borrosa...

En blanco y negro, como esas películas antiguas...

Y tú, te vas alejando, lo vas dejando atrás, hasta que se pierda de vista...

Hasta que la imagen esté tan borrosa que ya no puedas ni reconocerla...

Cuando lo consigas mueves un dedo, me haces una señal...

Y... quizás te preguntes cómo hacemos para hacer lo que hacemos...

¿Cómo haces tú para hacer lo que haces?

¿Cómo hace tu cerebro para generar una conducta equivocada?

Cuando tienes miedo, rabia o ansiedad...

O sea lo que sea que sufras alguna vez...

¿Cómo hace tu cerebro para desarrollar esa conducta?

Tú sabes que conducir un coche es algo muy sencillo, ¿verdad?

De tal manera que lo hacemos sin pensar en ello...

Además podemos conversar con alguien, escuchar música, aceleramos, cambiamos la velocidad, frenamos ante un semáforo, reanudamos la marcha, cambiamos las marchas, aparcamos...

Y todo eso automáticamente...

Mientras que la mente consciente ha estado en otros asuntos...

Lo hemos hecho sin razonar, sin pensar...

Claro que cuando empezamos al principio a conducir nos parecía difícil...

¡Era difícil! Como cuando empezaste a leer, ¿te acuerdas?

¡Qué difícil era aprender a leer!

A escribir... había que pensar letra a letra, conjugarlas...

Y una vez automatizado, a base de repetir y repetir resulta algo fácil...

Puedes escribir una carta ahora automáticamente, en el ordenador, sin pensar qué palabras, qué letras utilizar...

Todo te viene automáticamente...

¿Cómo interactúa tu mente inconsciente y consciente?

Modelado libre de: Roger P. Aller (Guiones y estrategias en hipnoterapia, Edit. Biblioteca de psicología), Francois J.Paul Cavallier (Edit. Los libros del comienzo),

Joseph O'connor y John Seymour (Introducción a la Programación Neurolingüística) y Bandler y Grinder (Trance Formate, Edit. Urano).

Ahora estás aprendiendo una manera muy práctica de comprender cómo trabaja tu mente...

Esta técnica te enseña principios específicos y simples que tú puedes usar para manejar tu propio cerebro...

Aprendes cómo cambiar tu propia experiencia cuando no te agrada, y aumentar tu gozo cuando tu vida te vaya bien...

Asegúrate de ponerlo en práctica con tu propia experiencia...

¿Quién maneja tu cerebro? ¿Qué pensamientos, emociones, ideas, son habituales en ti...?

¿Pensamientos negativos?

¿Te deprimes con facilidad?

¿Te autocensuras?

¿Te culpabilizas?

¿Te sientes inferior?

¿Tienes ilusión, ganas por el futuro?

¿Tienes proyectos?

¿Confianza?

Puedes ir por la calle sólo/a...

A veces vas muy mal acompañado/a.

Tienes una charla interna, unos pensamientos que te hacen sentir mal...

Puede ser de odio, de rabia, de frustración...

Puedes sentir complejos, pensamientos que te hagan sentir acomplejado/a.

A veces estamos muy mal acompañados cuando estamos a solas con nosotros/as mismos/as...

¿Quién maneja tu cerebro?

¿Es decir, quién maneja tu coche?

En tu propio coche de vez en cuando entra un conductor ajeno y lo maneja por ti...

Y lo lleva por ahí...

A veces lo lleva a lugares que tú no desearías...

A veces puede entrar un conductor loco, conducir tu propio coche y estrellarlo por ahí...

Tú te responsabilizas de llevar tu propio coche, de manejar tu propio cerebro...

Y no permitir que nadie lo maneje por ti...

Sólo que no necesitas pensar demasiado en esto...

Ahora puedes ser consciente de con qué parte de tus pulmones estás respirando...

La parte alta, baja o media...

Podrías decirme mentalmente, como si escucharas el eco de tu voz...

¿Cómo estás ahora?

Bien, eso es. ¿Cómo estás ahora? Aún así, dime mentalmente, dime cómo te sientes...

Sí, ya sé cómo estás, dime cómo te sientes...

La mayoría de la gente no utiliza su propio cerebro de manera activa y liberada. Su mente es como una máquina carente de interruptor que la pueda desconectar. Comprueba si manejas tu mente o no...

Si no le das una tarea, tu mente gira y gira. Piensas y piensas hasta que se marea, y tú mismo/a te amargas la vida, con tu propia mente, con tus propios pensamientos, con tus propias creencias...

Si no controlas tu cerebro, tu cerebro va a hacer algo. Y no parece importar qué es ese algo...

A tú cerebro le da igual, a ti sí te importa...

Por ejemplo, muchas veces andamos por ahí, tranquilos/as, ocupándonos de nuestras cosas, y de repente el cerebro nos manda una imagen o un pensamiento de algo que ocurrió en el pasado que nos deja aterrado/as, preocupado/as y tristes...

Ahora tal vez te apetezca sentir una agradable sensación de paz y tranquilidad en todo el cuerpo. Y fíjate, te invito a que descubras la forma tan curiosa que tiene tu cerebro de amargarte la vida...

Sí, tú solito/a te lo haces todo...

Tu mente, tu cerebro es tu infierno y a la vez tu propio cielo...

¿A veces pasamos un mal día, verdad?

¿Quién no ha tenido un mal día?

Problemas, cosas que suceden que no nos gustan, una discusión con alguien...

Una vez más utilizamos una metáfora, "he tenido un día de perros", "he tenido un día, madre mía, mejor no haber despertado hoy". "¡Uf! Hoy me he despertado con el pie equivocado" o "hay días que es mejor no levantarse de la cama"...

En fin, metáforas, frases que solemos utilizar...

¿Y qué ocurre después? ¿Qué ocurre? El cerebro más tarde nos pasará la misma película, sí, las mismas imágenes una y otra vez...

Es como ver una y otra vez la misma película, triste o deprimente...

Es como si tu cerebro te dijera: "no basta con que hayas pasado un mal día o un mal momento, te voy a atormentar un poquito más todo el día, o toda la tarde"...

"¡Ah! Y mañana te voy a dar otra ración"...

La experiencia o mal momento ya sucedió, es pasado... aún así el cerebro nos tortura con imágenes días enteros y hasta semanas... si no manejas tu cerebro, estas imágenes podrían arruinarte cualquier momento, cualquier día, cualquier relación...

O pueden simplemente amargarte la vida durante un montón de tiempo... hay gente que se ha especializado en amargarse la vida, toda su vida... siempre están pensando lo peor... el pensamiento futuro pesimista... ¡Siempre están pensando lo peor! ¡Siempre están preocupados! Siempre están recordando cosas tristes del pasado...

Nunca viven el presente, y se sienten mal. ¡Y se sorprenden de sentirse mal! ¡Si están programándose constantemente en sentirse mal! ¡Aprende ahora a desengancharte de lo que tu cerebro te envía, corta! ¡Corta ese lazo! Si no es bueno para ti, claro...

¿Para qué sigues pensando en cosas desagradables, acaecidas tiempo atrás, para qué? ¿Tu cerebro es un poquito sádico, verdad? Es como si estuviera diciendo: "¡Hagámoslo de nuevo! Tenemos una hora antes de almorzar. ¡Pensemos en algo realmente deprimente, quizás me pueda sentir mal el resto de la semana! O todo el año".

Hay gente experta en que su cerebro le envíe recuerdos de todo lo más negativo, olvidando todos los momentos buenos, positivos...

Y luego se quejan de que todo les vaya mal. Cuando tú recuerdas el pasado, depende de dónde focalices la atención, tu pasado puede ser bueno, malo o regular. Si focalizas la atención en los malos recuerdos, tu pasado será malo, negativo. Si la focalizas en lo bueno, harás una generalización y dirás, mi pasado ha sido bueno...

Ahora por favor focaliza la atención, con qué parte de los pulmones estás respirando...

Cuando lo sepas haces una respiración profunda, integrado en tu cuerpo, en tu corazón, asume esos sentimientos y emociones, respira profundamente.

Abre lo ojos y sitúate de nuevo en el presente...

LA MEDITACIÓN SEGÚN LA
PSICO-NEURO-INMUNO-ENDOCRINOLOGÍA

La meditación no significa concentrarse o enfocar la atención sobre un problema o conflicto para poder obtener una solución, sino que es un estado en que se logran apagar los pensamientos conscientes de manera que podamos percibir fuentes de información más sutiles, es decir, acceder a niveles más profundos de nuestra mente.

El estado de meditación es una capacidad del cuerpo–mente científicamente definible que se caracteriza por:

- Una reducción general del metabolismo, una disminución de la presión sanguínea, del ritmo respiratorio y cardíaco.

- La emisión de ondas cerebrales más nítidas y más lentas y la generación de sustancias químicas o drogas endógenas, como consecuencia de la disminución de la actividad del sistema nervioso simpático y del aumento de la actividad del sistema nervioso parasimpático.

Por lo expresado, la meditación puede ser considerada como una herramienta para contrarrestar el estrés.

El organismo entra en un estado de reposo profundo, incluso más que durante el sueño normal.

Este reposo del cuerpo otorga una mayor lucidez, la mente se libera de las limitaciones del organismo y queda libre para expandirse hacia nuevos horizontes.

Al estado de meditación también se le llama estado alterado de conciencia, estado de trance, estado de no–mente, o mente divina. A través de él, muchas personas logran alcanzar una experiencia de lo divino o experiencia de trascendencia. Todo esto lo dicen desde Fundación Salud y estoy completamente de acuerdo.

La práctica regular de la meditación beneficia globalmente todas las estructuras y niveles de la persona. Sus efectos positivos se reflejan en los aspectos físico, emocional, mental y espiritual.

Las repercusiones más importantes, así como los cambios en el metabolismo del organismo, la actitud y vivencias organísticas del practicante que suelen verificarse son:

- Reduce el consumo de oxígeno y la producción de carbono (retrasando el envejecimiento).

- Reduce la constricción de los vasos sanguíneos, disminuye la presión sanguínea e intensifica la circulación.

- La concentración de lactato en sangre disminuye notablemente. Esta sustancia está asociada a los estados de ansiedad y tensión. Con su disminución se reducen dichos estados.

- Aumenta sensiblemente la resistencia eléctrica de la piel. La resistencia alta de la piel está relacionada con los estados de relajación, mientras que la resistencia baja indica tensión.

- Ajusta el funcionamiento del sistema límbico, mejorando la respuesta emocional ante los acontecimientos y los estímulos externos.

- Equilibra la actividad del sistema nervioso.

- Desciende la frecuencia de las ondas cerebrales, predominando los ritmos alfa.

- Incrementa la actividad del hemisferio derecho del cerebro, que es el responsable de la orientación en el espacio, la creatividad, la intuición, el conocimiento holístico, etcétera.

- Proporciona una profunda relajación física, emocional y mental.

- Mejora la salud y estimula los procesos autocurativos.

- Genera vitalidad, aumentando las reservas de energía y el uso productivo de éstas.

- Incrementa la resistencia al estrés y disminuye la tendencia a desórdenes psicosomáticos.

- Mejora la calidad del sueño e induce niveles de descanso más profundo, que propician la regeneración de todas las células del cuerpo. Regulariza el conjunto de las funciones fisiológicas.

- Proporciona estabilidad nerviosa y ayuda a disminuir o erradicar el uso de ansiolíticos (para ello es imprescindible la inter consulta con el psiquiatra a cargo de la prescripción de la medicación, puesto que JAMÁS debe suspenderse sin consultarlo con el clínico).

- Ayuda a disolver la fijeza de ideas negativas y bloqueos, fobias, complejos, miedos, traumas, ansiedad, tensión mental.

- Aumenta la percepción, la atención y la concentración.

- Desarrolla el estado de alerta y presencia en el aquí / ahora.

- Despierta la creatividad y actualiza el potencial latente en la mente.

- Proporciona seguridad y confianza en uno/a mismo/a.

- Aumenta la espontaneidad y ayuda a modificar viejos hábitos y patrones mecánicos de comportamiento.

- Mejora el desarrollo de las actividades cotidianas (estudio, trabajo, deporte, etcétera) y la relación con los demás.

- Genera una actitud de apertura mental y psicológica.

- Integra las diversas facetas de la personalidad y armoniza al individuo con la naturaleza y los ritmos cósmicos .

- Desarrolla el conocimiento de uno mismo/a, la consciencia espiritual y lleva paulatinamente a la experiencia de Ser.

Se sobreentiende que estos extraordinarios beneficios se obtienen con la práctica diaria y regular. La meditación (autohipnosis) debería ser una conducta diaria, un hábito como el aseo diario, como la alimentación. Como las horas de descanso y sueño diario.

La actitud, el compromiso con este proceso de autohipnosis (meditación) diaria debería ser la base de nuestro proceso de exploración y desarrollo personal.

¿Se imagina el lector que todo psicólogo o terapeuta clínico pasara de las teorías académicas a esta exploración (autoanálisis) sobre sí mismo/a? En pocos años la psicología académica daría un salto de gigante en su progreso experimental y experiencial.

Modelados de trance: la mirada interior (El trabajo diario)

Posición cómoda y relajada... revisar los puntos de apoyo... nuca... espalda... glúteos... piernas y pies... brazos... pecho... la respiración que sube y baja...

Y mientras sigues este ritmo de respiración... lento... profundo y poderoso... te hablaré de la respiración... oirás mi voz... pero no va a interferir en tu tarea...

Observa cómo la respiración es un acto rítmico... presta atención... descubre cómo se compone de dos fases... inhalación y exhalación... la respiración es un buen ejemplo de la ley de la polaridad... los dos polos... inspiración y espiración... forman con su constante alternancia... un ritmo... un polo depende de su opuesto... y así la inspiración... provoca la espiración... y la espiración a su vez... provoca de nuevo la inspiración...

También podemos decir que un polo no puede vivir sin el polo opuesto... porque si destruimos una fase... desaparece también la otra... un polo compensa el otro polo... y los dos juntos forman un todo... respiración es ritmo... el ritmo es la base de toda la vida...

También podemos sustituir los dos polos de la respiración... por los conceptos de contracción y relajación... esta relación de inspiración–contracción... y... espiración–relajación... se muestra claramente cuando suspiramos... hay un suspiro de inspiración... que provoca contracción... y un suspiro de espiración que provoca relajación...

Por lo que se refiere al cuerpo... la función central de la respiración es un proceso de intercambio... por la inspiración el oxígeno contenido en el aire... es conducido a los glóbulos rojos... y en la espiración expulsamos el anhídrido carbónico... la respiración encierra la polaridad de acoger y expulsar... de tomar y dar... con esto hemos hallado la simbología más importante de la respiración...

Goethe escribió:

"En la respiración hay dos mercedes: una, inspirar; la otra, soltar el aire. Aquélla colma, ésta refresca, es la combinación maravillosa de la vida".

Todas las lenguas antiguas utilizan para designar el aliento... la misma palabra que para alma o espíritu. Respirar viene del latín: spirare... y espíritu, de spiritus... raíz de la que se deriva también inspiración... en griego psyke significa tanto aliento como alma...

En el indostánico encontramos la palabra atman, que tiene evidente parentesco con el atmen (respirar) alemán... en la India al hombre que alcanza la perfección se le llama mahatma, que significa tanto 'alma grande', como 'aliento grande'... La doctrina hindú nos enseña también que la respiración es portadora de la auténtica fuerza vital que el indio llama prana... en el relato bíblico de la Creación se nos cuenta que Dios infundió su aliento divino en la figura de barro convirtiéndola en una criatura 'viva' dotada de alma...

Esta imagen indica bellamente cómo al cuerpo material, es decir, a la forma, se le infunde algo que no procede de la creación: 'el aliento divino'. Es este aliento que viene de más allá de lo creado, lo que hace del hombre y la mujer un ser vivo y dotado de alma... ya estamos llegando al misterio de la respiración...

La respiración actúa en nosotros/as pero no nos pertenece... el aliento no está en nosotros/as, sino que nosotros/as estamos en el aliento... por medio del aliento... nos hallamos constantemente unidos/as a algo que se encuentra más allá de lo creado... más allá de la forma... los pulmones sólo ventilan... respiramos con todo el cuerpo... con cada célula... el aliento hace que esta unión con el ámbito metafísico (literalmente: con lo que está detrás de la naturaleza) no se rompa...

Vivimos en el aliento como dentro de un gran claustro materno... que abarca mucho más que nuestro ser pequeño y limitado... es la vida... ese secreto supremo que el ser humano no puede definir... no puede explicar... la vida sólo se experimenta abriéndose a ella y dejándose inundar por ella... la respiración es el cordón umbilical por el que esta vida viene a nosotros/as... la respiración hace que nos mantengamos en esta unión...

Recordemos que nosotros/as respiramos el mismo aire que respira nuestro enemigo/a... es el mismo aire que respiran los animales y las plantas... la respiración tiene algo que ver con contacto y relación... este contacto con lo que viene de fuera y el cuerpo se produce en los alvéolos pulmonares... con el primer aliento damos también el primer paso por el mundo exterior... al desprendernos de la unión simbiótica con la madre... y comenzamos a hacernos autónomos/as... independientes... libres... cuando a uno/a le cuesta respirar... ello suele ser señal de que teme dar por sí mísmo/a los primeros pasos con la libertad e independencia...

La respiración simboliza los siguientes temas: ritmo... en el sentido de aceptar 'tanto lo uno como lo otro'... contracción... relajación... tomar... dar... repudio... libertad... agobio... la respiración es igual a asimilación de la vida... por eso... en las enfermedades respiratorias, procede hacerse las siguientes preguntas: ¿qué me impide respirar?... ¿qué es lo que no quiero admitir?... ¿qué es lo que no quiero expulsar?... ¿con qué no quiero entrar en contacto?... ¿tengo miedo de dar un paso en una nueva libertad?

Y ahora deja caer pesadamente tus brazos a lo largo de tu cuerpo... que las piernas sean una prolongación de tu abdomen... toma consciencia de tu respiración... sintiendo el aire que entra por la nariz y... desciende al fondo de los pulmones... y sale de nuevo a cada exhalación... dejando que vayan saliendo las tensiones residuales y el malestar de tu cuerpo...

Sé consciente de ese vaivén regular... del vientre que sube y baja... inhalando y exhalando... toma consciencia ahora... de los dos pequeños anillos de frescor alrededor de tus fosas nasales... focaliza la atención en el lugar en que entra el aire en tu cuerpo... si lo deseas... imagina que ese aire entra en tu cuerpo en forma de luz...

Y en cada nueva inhalación tú puedes seguirla más lejos... visualiza las partes de tu cuerpo por las que pasa la luz... por la garganta... ahora por los bronquios... como si pudieras respirar directamente con los bronquios... ahora por los bronquíolos... que son como diminutas ramificaciones... y así sigues ese aire... hasta cada uno de los alvéolos pulmonares... donde se realiza el intercambio gaseoso... toma consciencia de estos pequeños alvéolos muy sensibles... muy puros... en los que tiene lugar el intercambio vital del aire que tú respiras con la sangre...

Ahora respiras con cada una de las diferentes partes de tu cuerpo... imagina que respiras por la frente... por la oreja derecha... siente cómo sale el aire por la oreja... ahora por la oreja izquierda... y ahora respira por toda la nariz... respira por los ojos... por el derecho... por el izquierdo... ahora respiras por el labio superior... por el inferior... ahora respiras por la garganta... y ahora lo haces por el hombro derecho... y por el izquierdo... respiras ahora por todo el brazo derecho... y vas dejando que el aire y la luz respirada... se deslice a lo largo del brazo y que salga por tus dedos... sintiendo el paso del aire entre los dedos de tu mano... respira ahora por cada uno de los dedos de tu mano... y con cada nueva exhalación... siente que el aire circula por el brazo... y que sale por la punta de los dedos...

Muy bien... y ahora respiras por el brazo izquierdo... por cada uno de los dedos... respiras por tu pecho... por tu pecho derecho... y por el izquierdo... desciende ahora y respira por la pierna derecha... y con cada nueva exhalación... siente el aire que sigue toda esa zona energética para salir entre los dedos del pie... y así... poco a poco... te vas sumergiendo en tu universo de paz y... calma interior... ahora respira por la pierna izquierda... respira por cada uno de los dedos de ambos pies... de los dos pies a la vez...

Ahora respira con la nalga derecha... por la izquierda... bien y ahora concentra la atención en el corazón... respira por el corazón... y ahora respira por el hígado y visualiza el hígado... por el bazo... incluso aunque no lo has visto nunca...

Imagínate cómo es... respira por el páncreas... ahora respira por los riñones... por todo el sistema urinario... respira por los órganos sexuales internos... por los externos... y así te vas hundiendo más y más... sensaciones de paz... calma y tranquilidad...

Ahora respiras con todo el sistema circulatorio... visualiza cómo la sangre transporta el oxígeno y esa luz respirada... por todo el cuerpo... por los tejidos... por las células... respiras con todo el sistema linfático... visualízalo... ahora respiras con el cerebro... acaparando oxígeno... energía y... amor a la vida... respiras con el cerebro derecho... con el izquierdo... y, mientras que lo haces, pregúntate: ¿hay alguna cosa que mi inconsciente quiere que yo sepa ahora? ¿tiene mi inconsciente algo que decirme ahora?

(Señal)

Ahora respira con todo el sistema nervioso... respira ahora con los huesos... con el esqueleto... respira con la piel... tómate ahora unos instantes para apreciar la calidad del estado de relajación... y para sentir el ser único que tú eres en todo tu esplendor...

La mirada Interior: observación de las sensaciones corporales

La expansión de la conciencia implica una inclusión cada vez mayor de contenidos observables en una unidad de observación.

Desde este centro de gravedad, la unidad lo implica todo. Nada puede ser excluido de esa observación.

Ahora, después del fortalecimiento de la atención mediante la concentración en la respiración, será la observación del propio cuerpo hasta lograr la consciencia global del mismo.

El meditador se sienta cómodamente:

Cierra los ojos... y durante algunos minutos... focaliza la atención en su proceso respiratorio... procurando que las exhalaciones sean más largas que las inhalaciones... inhalar lentamente... sin forzar... fácilmente... retener llevando la atención a la energía del pecho... exhalar largamente... expulsar todo el aire viciado... vaciando bien los pulmones...

Bien... sigue este ritmo de respiración... cuando exhalas largamente... prolongadamente... de manera más extensa que la inhalación... estás estimulando el nervio vago... que es el principal nervio relajador del cuerpo...

El nervio vago está en la base del cerebro... en la médula espinal... desde ahí se extiende por el cuello... y se va ramificando por los pulmones... el corazón... y el tracto intestinal... es importante que la exhalación la hagas más larga que la inhalación... porque necesitas una completa relajación de todo el cuerpo... todos tus procesos fisiológicos... contracciones musculares... presión sanguínea... ritmo cardíaco... pulso... todo el cuerpo... todos tus procesos internos... deben reducirse a su mínimo de actividad...

Así poco a poco... se van activando las funciones cerebrales propias de tu hemisferio derecho... así a medida... que te relajas más y más... se potencia tu capacidad de visualización creativa... todo esto lo consigues... al someter a tu nervio vago a unas largas... y profundas exhalaciones...

Ahora concentra tu atención en la zona de tu cabeza localizada en la parte central y superior de tu cráneo... en la parte superior del mismo... allí, permanece atento/a... detecta cualquier sensación que surja espontáneamente... no importa sus características... puede ser una sensación de hormigueo... un cosquilleo... la temperatura o una sensación de presión... no juzgas nada... no analizas nada... simplemente la sientes... la observas simplemente...

Ahora... dirige tu atención a las zonas superiores del cráneo... de la misma manera que con la zona central... ahora siente toda la superficie superior de tu cabeza... observando las sensaciones espontáneas que allí suceden...

Más adelante observa la sensación de tu frente...

De las zonas laterales de tu cabeza...

De la nuca...

Ahora siente las orejas... obsérvalas simplemente...

Tus cejas... tus ojos... carrillos... nariz... boca... labios... dientes... paladar... lengua... observa... nada más... termina la observación de las sensaciones corporales de tu cabeza... con tu mandíbula inferior... cuello... y garganta... observa simplemente...

Ahora realiza un primer ejercicio de unificación... intenta sentir toda tu cabeza en forma simultánea... sin perder ni olvidar la sensación de todas y cada una de las partes que previamente has recorrido...

Deja que la sensación venga a ti... no fuerces nada... si no eres capaz de observar la unidad de tu cabeza... no importa... continúa observando el resto de tu cuerpo... parte por parte...

Dirige tu atención a los hombros... y los observas... ahora comienzas a sentir tus brazos... desde la parte superior... y bajando poco a poco... hasta llegar a tus manos... ahora siente los dedos de tus manos... ahora pasa a las axilas... y las partes laterales de tu tórax... ahora siente tu pecho... tu abdomen... la parte superior... la parte inferior... y ahora llega hasta tu pubis...

Ahora observa la parte inferior de tu nuca... y poco a poco recorre tu espalda... parte por parte hasta llegar a la cintura... pon atención a las sensaciones de tus caderas... tus nalgas... tus genitales... observando cualquier sensación que aparezca espontáneamente en cualquiera de estas zonas... esta observación... para todas y cada una de las partes corporales... debe efectuarse tranquilamente... observando simplemente... no hay juicio ni análisis en la observación... sólo observar cualquier sensación que aparezca... se observa y se acepta... simplemente...

Después de haberte centrado en tus genitales... atiende a las sensaciones de las partes superiores de tus muslos... y ahora baja tu atención atendiendo a las partes inferiores de tus muslos... tus rodillas... tus piernas... hasta llegar a los pies... y dedos de los pies...

Al llegar a los dedos de los pies... has llevado a cabo una observación total de tu cuerpo... desde la parte más alta de tu cabeza... hasta la más baja de tus pies... y así al exhalar... afloja más y más el cuerpo... dejando que se hunda por su propio peso... flojo y abandonado...

Ahora el recorrido corporal se debe reiniciar pero en sentido contrario... desde la punta de los dedos de ambos pies... hacia las piernas... los genitales... las caderas... nalgas... espalda... vientre... pecho... brazos... hombros... cuello y garganta... y... por último... la cabeza con todas sus partes...

Llegando a la superficie superior de la cabeza... has concluido un segundo recorrido de todo su cuerpo... pero ahora desde la parte más baja del mismo... hasta la más alta...

Y aflojando más profundamente el cuerpo... lleva la atención a los puntos de apoyo de tu cuerpo en el lugar donde descansa... nuca... espalda... brazos y manos... glúteos... pies... y exhalando larga y profundamente observa cómo se hunde más y más pesado... flojo y abandonado... observando simplemente... observando...

Larga pausa de observación a las sensaciones del cuerpo.

Es posible que en todos estos recorridos del cuerpo, el meditador se encuentre con zonas ciegas donde cualquier sensación se halle ausente. Es recomendable para estas zonas focalizar más detenidamente la atención, observando más atentamente, hasta lograr activar cualquier sensación.

Las zonas que, al ser sentidas, producen dolor... o las que desencadenan una sensación de placer deben ser observadas con la misma tranquilidad y distanciamiento hasta lograr que, tanto el apego al placer como el rechazo al dolor, desaparezcan. Y en su lugar crear un centro de gravedad que simplemente observa.

El meditador debe saber que el origen de esta técnica se remonta al Buda, quien la dio a conocer en su famoso discurso llamado 'Satipatthana'. Decía así:

Esto he oído. El sublime moraba cierta vez en la comarca de los kurus, en la aldea llamada Kammássdhamma, y allí se dirigió a los monjes diciendo:

–Monjes.

–Señor –respondieron éstos.

Entonces el Sublime habló como sigue:

–Sólo hay una senda, oh monjes, que conduce a la purificación de los seres, a la conquista del dolor y las penas, a la destrucción de los sufrimientos físicos y morales, a la recta conducta, a la experiencia del Nirvana (Nibbana). Esto es, las cuatro elevaciones de la atención.

–¿Y cuáles son esas cuatro elevaciones?

–Aquí el monje observa el cuerpo, permaneciendo enérgico, claramente consciente, atento, venciendo la codicia y la pesadumbre inherente al mundo, observa las sensaciones, observa la mente, observa los diversos asuntos. ¿Y cómo, oh monjes, observa el monje el cuerpo? Aquí, oh monjes, yendo al bosque, al pie de un árbol o a un lugar aislado, el monje se sienta con las piernas cruzadas, el cuerpo erecto y permanece alerta. Entonces aspira atentamente y exhala el aire. Al aspirar lentamente, sabe: *"Aspiro lentamente"*. Al exhalar lentamente, sabe: *"Exhalo lentamente"*. Al aspirar rápidamente, sabe: *"Aspiro rápidamente"*. Al exhalar rápidamente, sabe: *"Exhalo rápidamente"*. *"Sintiendo todo el cuerpo, aspiro"*, así se ejercita... De esta manera permanece el monje observando el cuerpo interiormente, exteriormente; interior y exteriormente... Y, además, oh monjes, observando el cuerpo desde la planta de los pies hasta la coronilla, el monje comprueba que está cubierto de piel y lleno de diversas impurezas, y piensa: *"En este cuerpo hay cabellos, pelos, uñas, dientes, piel, carne, tendones, huesos, médula, riñones, corazón, hígado, pleura, bazo..."* De este modo permanece el monje observando el cuerpo...

En la actualidad, esta técnica se practica en Birmania y es un tipo particular de Vipassana.

La mirada interior: observación de las emociones

Una vez lograda la observación de la unidad corporal. Se procede a enfocar la atención en el cuerpo emocional: la observación de las sensaciones que surgen en forma espontánea en la superficie del cuerpo y su posterior unificación en un acto de observación simultáneo de todas las partes del cuerpo. Es un primer nivel de unificación.

Sé consciente de cómo entra el aire por la nariz... y desciende al fondo de los pulmones... y sale de nuevo a cada exhalación... expulsando las tensiones y malestares residuales... y dejando que estas sensaciones agradables desciendan por todo el cuerpo... aflojando las tensiones... liberando el malestar... dejando marchar los problemas y preocupaciones... relax y descanso...

Obviamente... además de las sensaciones corporales, existen otros niveles de actividad que deben ser incluidos dentro de la conciencia para lograr una mayor expansión de la misma. Uno de estos niveles es el emocional. Por supuesto que una emoción se correlaciona con una serie de cambios corporales y, en cierto sentido, podría ser reducida a ellos, de tal manera que la observación de las sensaciones corporales basta para incorporar el mundo emocional dentro del acto de observación consciente.

Sin embargo, el nivel de actividad emocional trasciende al de la sensación corporal y, por ello, existe una técnica de meditación enfocada a su observación como tal. Tanto durante la concentración en la respiración, como en la observación de las sensaciones corporales, pueden surgir emociones tales como el enojo, la ira, la alegría, la tristeza, angustia, miedo o culpabilidad. Hemos aprendido a considerar algunas de estas emociones como positivas y otras como negativas.

El juicio que hacemos acerca de nuestros estados emocionales dependerá de la cultura en la que vivimos, de la educación de nuestros padres y del tipo de escuela a la que asistamos. Si nuestra educación fue muy rígida, probablemente se nos enseñó a reprimir o a negar ciertas emociones y a considerarlas como extrañas y separadas de nosotros/as mismos/as, de modo que cuando surjan este tipo de emociones puede que lleguen a traspasar la barrera de la represión construida en nuestra mente: nos asustamos y consideramos que lo que nos sucede proviene de algún lugar externo y no de nuestro interior.

De esta forma nos limitamos y obstruimos el camino hacia la Unidad, que no es otra cosa que aceptar y considerar la existencia de un solo Ser enfocado en una infinita cantidad de manifestaciones. Desde este punto de vista, no existe lo externo ni lo interno como dos reinos separados e independientes, sino una sola mente en la que todo acontece.

La observación de las emociones tiene como propósito acercarnos a esta Unidad, aceptando cualquier experiencia como parte de ella. Así que, cuando aparece una emoción en la práctica de la meditación, debe ser aceptada y observada como parte del ser que somos y no reprimida o negada como si fuera ajena o externa a nosotros/as mismos/as. De esta manera, la emoción también pasa a ser parte incluida dentro del acto unificado de ser, a través de su aceptación y observación.

Cuando aparezca una emoción, ésta debe ser aceptada como tal y observada con la misma serenidad y desapego con los que se observó la respiración o las sensaciones corporales. La emoción, al igual que el pensamiento, se desarrolla a través de un proceso de nacimiento, mantenimiento y muerte. Este proceso se debe observar sin identificarse con él, puesto que debemos descubrir qué hay en el fondo de eso, de dónde surge ese pensamiento o emoción, quién o qué lo genera... observar serenamente, sin identificarnos. Sólo observar, mirar atentos, observar.

Es recomendable, cuando aparezca una emoción, realizar un recorrido corporal poniendo atención a los componentes de sensaciones que se asocian con la emoción.

Una vez hecho este recorrido, se aconseja volver a observar la emoción tal cual, sin omitir sus componentes. Se puede repetir la observación de la emoción en sí y de sus componentes, varias veces, hasta lograr una observación imparcial: sin perder la conciencia de sí mismo/a y sin identificarse con los componentes de la emoción.

Esto no quiere decir que se recomiende no sentir emociones. Todo lo contrario. La vida emocional sana implica una gran intensidad creativa y riqueza emocionales. Las emociones son parte nuestra y, como tales, deben ser aceptadas y amadas. Lo que debe evitarse es caer en dependencia emocional o estar bajo el control de nuestras propias emociones negativas. Uno/a debe ser dueño de uno mismo/a, en todos y cada uno de sus niveles, cualidades y proceso interior.

La mirada interior: observación de los pensamientos

Debemos observar los procesos cognitivos. Estos implican pensamientos, ideas, juicios y una serie de análisis que la mente realiza a partir de sus datos de observación y de su historia. Los pensamientos –tal y como las emociones– son parte de nosotros/as mismos/as y, por tanto, deben ser aceptados y observados. Pero los pensamientos no nos incluyen como totalidad. Por lo tanto, la identificación con los pensamientos es un error de apreciación.

Debemos observar los pensamientos con la misma tranquilidad y desapego con los que se atestiguó la respiración, las sensaciones corporales y las emociones. Observar serenamente, no enjuiciar. Sólo observación serena desde el centro de nuestra propia consciencia, esa consciencia que es simple testigo de los procesos mentales en estado de alerta percepción, alerta novedad, en la íntima recordación de sí mismo/a.

Cuando aparezca un pensamiento, la atención del meditador debe dirigirse hacia la observación de ese pensamiento:

de dónde surge...

para qué surge...

qué satisface o consigue ese pensamiento...

observación serena...

observar cómo se desarrolla el pensamiento y, finalmente, ver cómo desaparece y es remplazado por otro...

el pensamiento no es el yo, ni la identidad, no es la conciencia, es sólo un contenido de la mente

rara vez un pensamiento aparece aislado...

generalmente varios aparecen conjuntamente, por asociación, donde un pensamiento sigue a otro...

estos deben ser observados con tranquilidad...

el meditador no se identifica con ninguno, sólo observa...

Por ejemplo, no es raro que el meditador se pregunte a sí mismo/a acerca del sentido de lo que hace, del objeto de su meditación. Todos estos pensamientos deben ser observados como tales, aceptándolos, pero sin identificarse con ellos.

Algunos suscitan emociones. Hay que permanecer en estado de alerta y simplemente observar: más tarde o más temprano la actividad pensante disminuirá, hasta dejar en su lugar el silencio.

Repaso

Observa de nuevo tu cuerpo físico y dile: "Cuerpo físico, soy tu amo y señor, debes obedecerme. Y los sentidos que llevas deben ser para mí... lo que ves... lo que oyes... lo que hablas... lo que gustas... lo que hueles... para mí..."

Observa el cuerpo astral o de deseos y dile: "Cuerpo astral, todos los deseos deben ir fuera... y en su reemplazo cubriremos necesidades... lo que tu cuerpo pide en relación con tu conciencia..."

Observa la mente y dile: "Cuerpo de la mente... te necesito aquí y ahora... debes obedecerme... soy tu amo y señor..."

La mirada interior: la meditación auto alusiva

Ponte lo más cómodo/a posible... relájate... suelta todo el cuerpo... deja los pies descansando... pesadamente sobre el suelo... deja que los brazos caigan más abandonados a los lados del cuerpo... y deja que se hundan pesadamente... abandonados... exhalar largamente y... deja que el cuerpo se hunda... suelto... flojo y abandonado...

Siente la pesadez de tus párpados... tus ojos... detrás de los párpados cerrados... relajados... descansan como si estuvieran vueltos... arriba y adentro... hasta un punto... donde simplemente desaparecen...

Ahora... mentalmente... pregúntate a ti mismo/a... si estás cómodo/a... asegúrate de que realmente tu cuerpo esté suelto... abandonado... piensa en tu respiración... siente cómo el aire entra por la nariz... llega a la laringe... y baja hasta los pulmones... deja luego que salga el aire viciado... exhala larga y suavemente... abandónate más y más...

Bien y ahora... lleva la atención a tu cuerpo... y deja que cada una de sus partes... se te haga consciente de forma espontánea... ¿en qué partes has pensado en primer lugar? ¿de cuáles tienes menos consciencia? Fíjate en qué partes sientes fácilmente y en cuáles tienes poca sensibilidad... ¿notas diferencia entre el lado derecho y el lado izquierdo del cuerpo?... ahora observa cualquier malestar físico que sientas en este momento... piensa en él hasta que puedas describirlo mentalmente con todo detalle... concéntrate en él y ve qué ocurre... el malestar puede cambiar... permite que tu cuerpo haga lo que desee... continúa así durante unos minutos... deja la iniciativa a tu cuerpo...

Tanto la respiración como las sensaciones corporales, las emociones y los pensamientos acontecen al mismo tiempo que las percepciones visuales, auditivas o los movimientos corporales.

Existen tantas cosas ocurriendo en el presente que, como diría el sabio, no da tiempo para nada más: quien vive el presente con toda su riqueza e intensidad no tiene tiempo para otra preocupación.

En la meditación autoalusiva, la observación de todos los componentes de la experiencia –respiración, sensaciones corporales, emociones y pensamientos– se realiza simultáneamente de forma tal que todos los niveles de la experiencia se unifican en el mismo acto de observación.

La técnica consiste en concentrar la atención en los movimientos respiratorios, hasta lograr que éstos ocupen toda la consciencia; después se realizan recorridos del cuerpo, observando y sintiendo las sensaciones corporales, hasta lograr la consciencia de unidad corporal.

Cuando el cuerpo puede ser visto como una unidad, se añade a la observación la respiración y, de esta forma, se observa el cuerpo como unidad y organismo que respira.

Más adelante se atiende a los componentes emocionales y se observa. El siguiente paso consiste en realizar una observación de la respiración, la unidad corporal y las emociones.

Después se observan los pensamientos y se incorporan a la observación simultánea: se logra así una unificación de todos los contenidos de la experiencia. Cuando se ha logrado lo anterior, entonces se añaden al acto simultáneo de observación los acontecimientos visuales y auditivos del entorno.

El resultado final de la técnica es una vivencia de la realidad tal cual es y una desaparición de la dicotomía entre externo e interno, o entre observador y observado.

Se logra un contacto con el sí mismo/a del observador/a, que trasciende todo componente observado y, al mismo tiempo, los incorpora e incluye en la unidad de la observación.

La práctica de la meditación autoalusiva tiene como resultado la expansión de la consciencia, puesto que se fundamenta en la incorporación de todos los elementos de la experiencia en un acto unificado de observación de los mismos/as.

El observador/a, al añadir objetos de observación, va incrementando su poder unificador y, en cierto momento, traspasa una especie de umbral tras el cual el meditador/a se siente en contacto con un nivel de la realidad de sí mismo/a que trasciende cualquiera de los componentes que ha incluido en la observación.

Estos modelados de autohipnosis o técnicas de meditación los puede grabar el clínico o terapeuta para escucharlos diariamente como parte de su exploración interior.

Acercamiento práctico al hipnoanálisis

Modelado libre de Roger P. Aller (Guiones y estrategias en hipnoterapia, Edit. Biblioteca de psicología), Francois J.Paul Cavallier (Edit. Los libros del comienzo), Joseph O'connor y John Seymour (Introducción a la Programación Neurolingüística) y Bandler y Grinder (Trance Formate, Edit. Urano).

Hay que afrontarlo desde una perspectiva cognitiva–conductual en estado hipnótico, explorando aspectos biográficos que hayan generado miedos, traumas y baja autoestima en el adulto.

Recordemos que en el inconsciente nada es pasado ni existe el futuro, todo es un continuo presente. En ese inconsciente, depósito de experiencias y conocimientos acumulados a través de las vivencias existenciales, se almacena todo lo vivido y experimentado por cada individuo.

Y se almacena sea éste consciente o no de todo ese bagaje de conocimientos, los recuerde o no, aunque tampoco sea consciente de hasta qué punto todo eso del pasado lejano o reciente está condicionando su presente, su forma de sentir, pensar y actuar.

Ya lo decía, entre otros, Wordswarth: el niño es el padre del hombre.

La persona que será dirigida para buscar el origen de sus problemas en acontecimientos del pasado deberá ser alertada de que todo lo recordado debe ser reflexionado y asimilado como cosas que pueden corresponder o no a sucesos reales: hablarle de las fantasías, de los falsos recuerdos o distorsiones de la memoria.

Este modelado para abordar en estado hipnótico los problemas o traumas de la niñez puede hacerse en varias fases.

Además se puede elegir que el cliente responda verbalmente a lo que se le pregunta o que dé una Respuesta Ideo–Motriz (RIM) en lugar de respuesta verbal.

En general, no se necesita una inducción previa demasiado profunda.

Se puede y debe anclar bien la disociación para proteger a la persona de recuerdos o escenas que pudieran ser demasiado molestas o que provoquen emociones demasiado fuertes: dolor, rabia, frustración, ira, etcétera.

Sobre la disociación clásica en hipnosis, puede definirse la disociación como la fragmentación de la experiencia en sus partes componentes, amplificándose la consciencia de una parte mientras disminuye para las otras. Algunos autores han definido la experiencia hipnótica como la disociación de los estímulos del entorno, para concentrarse intensamente (asociarse) en la experiencia interna. Al igual que la catalepsia, la experiencia de disociación está presente en todos los trances hipnóticos.

El niño interior

Así es que hoy te hablaré del niño/a interior que todos llevamos dentro... ahora puedes hacer un ejercicio de simple evocación de tu niñez... no tienes que forzar nada en especial... ya llegará la información que necesites...

Quizá evoques ahora a ese niño/a que fuiste... ese niño/a interior... esa parte vital pero sumergida del yo que conecta con la alegría... y con la tristeza de nuestra infancia... esos recuerdos son precisamente la clave para alcanzar nuestra plenitud en tanto que adultos... así es que ahora puedes recordar...

¿Cómo fue tu infancia? (verbal o RIM)

¿Eras feliz? (verbal o RIM)

¿Sientes esa plenitud? (verbal o RIM)

¿Qué sientes? (verbal o RIM)

Ese niño/a interior... es el yo que verdaderamente somos... el que siempre hemos sido... que habita en nosotros/as... ahora... aquí... en nuestras emociones... en nuestros recuerdos... en nuestros aprendizajes... en nuestra risa y alegría y también miedo y tristeza...

En palabras de Carl Gustav Jung, el niño/a interior es el símbolo unificado del yo... es decir, ese niño interior simboliza a la parte de la personalidad humana que quiere desarrollarse y llegar a ser todo...

¿Qué deseas desarrollar dentro de ti? (verbal o RIM)

Es una tarea noble recuperar a nuestro/a niño/a interior... a nuestro yo infantil... éste será un trabajo que permite aflore toda la sabiduría que el niño/a puede aportar a la conciencia adulta...

¿Qué crees que puede aportar tu memoria infantil a tu conciencia adulta ahora? (verbal o RIM)

Y ahora puedes retroceder en tu memoria... conecta de nuevo con tu niño/a interior...

¿Cuáles eran tus expectativas en la infancia? ¿Se han cumplido? (verbal o RIM)

Trata de conectar y recupera la inocencia... la alegría... la capacidad de asombro... esa curiosidad de cuando eras niño/a...

¿Qué has hecho con esa curiosidad... ese asombro? (verbal o RIM)

Quizá ahora... puedas echar un vistazo a tu niñez... como si revisaras la película de tu vida infantil... evocas los lugares donde transcurre tu infancia... dónde y con quién vives... simplemente observa... mira con los ojos de la infancia... viendo... sintiendo... escuchando y sintiendo como lo hacías entonces...

¿Qué recuerdas ahora? (verbal o RIM)

Quizá te venga el recuerdo de la calle donde vivías... vecinos y amigos con los que compartías juegos... tal vez momentos de alegría... sueños y proyectos...

¿Qué imagen, sensación o emociones de aquella etapa te vienen ahora a la memoria? (verbal o RIM)

No fuerces los recuerdos... ese archivo de tu memoria contiene todo aquello que tú has vivido... con sus emociones, sensaciones e imágenes... ecos de voces, olores y sabores de la niñez... músicas y otra experiencias...

Vas dejando que sea la voz de tu inconsciente la que se abra y te vaya dando la información que necesites... sin forzar... todo sale por sí solo... fácilmente... imágenes y recuerdos... cosas tal vez olvidadas...

¿Qué sientes al recordar todo eso? (verbal o RIM)

Quizá sanar al niño/a interior... a ese niño/a que fuiste... que eres... al niño/a maltratado/a... tal vez resolver antiguos traumas...

¿Dónde hallar al niño/a que fuiste aquí y ahora? ¿En que rincón de tu mente inconsciente deambula todavía en esos recuerdos? (verbal o RIM)

¿En qué recoveco profundo de tu cerebro guardas esas experiencias de tu alma infantil? ¿De dónde parecen surgir esos recuerdos? (verbal o RIM)

¿Quién te colmó de amor incondicional? (verbal o RIM)

¿Quién te demostró cariño y respeto por lo que eras y cómo eras? (verbal o RIM)

¿Quién te aceptaba incondicionalmente? ¿Recuerdas a alguien que te tratara así? (verbal o RIM)

¿Quién te escuchó con atención cuando la duda... el miedo y la angustia atenazaba tu pecho infantil? ¿Recuerdas a alguien? (verbal o RIM)

¿Quién te educó con infinita paciencia y corrigió tus fallos diciendo lo que era más correcto y necesario para que crecieras y maduraras como una persona sana y feliz? ¿Quién te trató así? (verbal o RIM)

Quizá ha llegado el momento para ti de asumir a tu niño/a interior como símbolo de tu propia energía creativa...

¿Qué sientes al evocar tu infancia?... (verbal o RIM)

Para alguno de nosotros/as el proceso pasa por perdonar a los padres de nuestra niñez... ellos fueron niño/a también... sufrieron la falta del amor incondicional...

¿Qué recuerdo o emoción te viene ahora sobre tus padres? (verbal o RIM)

La tarea es magnífica... debes desarrollar una conciencia compasiva... así resolverás los innumerables cabos sueltos de la niñez...

Quizá venga ahora a tu conciencia la imagen de un niño/a pequeño... de unos 6 ó 7 años... sentadito/a allí en ese pupitre de la escuela... (verbal o RIM)

En ese aula de la infancia escolar... sí, la imagen de un niño/a que tal vez sonríe por algo que escuchó hace tiempo... mucho tiempo... y puedes evocar ahora dónde estaba la pizarra, a la derecha o izquierda... (verbal o RIM)

Incluso puedes tal vez, ahora, ver al profesor o profesora que, tiza en mano, va cubriendo esa gran pizarra de letras y números explicando las lecciones del día... (verbal o RIM)

Y también puedes pasar la mano por encima de la mesa del pupitre... si lo haces sentirás que tiene letras y números grabados... y aquella pluma de tinta china... o ese lápiz o bolígrafo que utilizabas para escribir... (verbal o RIM)

O quizá lo que evoques más fácilmente ahora sea aquel característico olor del aula escolar... una mezcla a sudor, lápiz y goma de borrar... (verbal o RIM)

O los juegos infantiles a la hora del recreo en el viejo patio escolar... aquellos griteríos de los niños/as saliendo de clase... y aunque esto no tenga sentido para tu mente adulta ahora aquí... sí lo tiene para tu yo infantil, recordando aquello que sucedía entonces, recordando a tu yo más joven allí... (verbal o RIM)

¿Te acuerdas?... cuando estaba explicada y terminada la lección... el profesor/a buscaba un borrador y lo borraba todo... (verbal o RIM)

Dejando lista y limpia la pizarra para otras lecciones y otros aprendizajes nuevos... borra ahora tú la pizarra de tu mente... así te estás preparando para otras lecciones y otros aprendizajes nuevos... (verbal o RIM)

Yo sé que cuando estás dormido/a... tu mente inconsciente puede soñar... yo no sé cómo hace tu cerebro para soñar una cosa y no otra... tú tampoco lo sabes... ahora bien...

¿Cuáles son tus sueños? ¿Qué proyectos tienes? (verbal o RIM)

Y mientras que escuchas mi voz y recuerdas todo eso... te relajas más profundamente... desciendes en tu nivel de trance... y tal vez ahora, o más tarde, se levante tu brazo... o quizá sientas un hormigueo... algo físico ocurrirá como señal de que puedes ir más atrás en tus recuerdos... y simplemente y a medida que sigues respirando tranquila y profundamente... también tu corazón late más sincronizado... y a cada latido profundizas más aún... y la misma complejidad del funcionamiento de tu mente... hace que entres en un trance más profundo con cada exhalación que das... para descubrir una gran cantidad de cosas que puedes hacer... y son muchas más de las que habías pensado...

Aunque yo prefiero que no entres en un trance demasiado profundo hasta que no estés preparado/a para ello... por ejemplo, cuando estés más adormecido/a y centrado en la respiración...

Pero siempre decides tú cómo y en qué nivel profundo de trance hipnótico quieres entrar... es tu experiencia y tú no sabes cómo hace tu cerebro para dormir... hay zonas de tu cerebro que saben cómo hacer para dormir y soñar... y áreas que se activan para experimentar el trance hipnótico... para algunos es como una experiencia de dormir pero sin perder la conciencia y siempre escuchando mi voz... extraña y compleja actividad de tu mente... puedes activar los funcionalismos de tu cerebro derecho... la imaginación... la creatividad... la emergencia de tu inconsciente y ser consciente de todo eso... algo así como ser consciente de un sueño y sus contenidos mientras duermes profundamente en tu cama... y ser consciente de que sueñas... extraño, ¿verdad?

Pero lo cierto es que puedes hacerlo ahora... bueno, yo no sé cómo hace tu cerebro para dormir... tú tampoco lo sabes... pero tienes millones de células especializadas en tu cerebro que saben cómo hacer para que duermas y sueñes... y saben cómo hacer para que tengas nueva información... nuevas ideas, soluciones y formas diferentes de actuar en relación a esos problemas que necesitan un nuevo enfoque dentro de ti... puedes saber... a través de algún sueño, qué camino tomar... qué conductas nuevas tener y cómo ir solucionando todo eso... esos recursos de tu inconsciente se complementan con los de tu consciente... en perfecta armonía...

Tu yo adulto sabe, puede y ha vivido muchas experiencias... tu yo infantil... tu yo más joven tiene ilusión... entusiasmo... creatividad y capacidad de asombro... déjalos que se unan integrando todo eso...

Ahora bien, yo no sé si quieres entrar en un trance medio, suave o profundo... probablemente entres en el estado que sea más apropiado ahora para ti... solo tienes que mover un dedo automáticamente... inconscientemente... sin pensarlo... y dejar que tu cuerpo sea absorbido por el sillón... cálido y abandonado... le entregas todo el peso del cuerpo... toda tensión residual y malestar... y el sillón no te pedirá nada a cambio...

Y cuando te des cuenta de que estás escuchando el sonido de mi voz... y escuchando cómo late tranquilamente tu corazón bombeando la sangre... entonces sabrás que sólo estamos aquí tú y yo... o que sólo estamos mi voz y tú... de tal manera que puedes abandonarte y entrar en hipnosis... permitiendo que esto suceda... como permites que tu corazón esté latiendo sin darle ordenes o sin tener que saber cómo hace para bombear la sangre...

Permitiendo que a cada exhalación nueva que das... tu cuerpo se hunda más cómodamente... profundamente... y conforme respiras lentamente y sin esfuerzo... lentamente... profundamente... puedes comenzar a entrar en un trance más profundo... creativo y generador de recursos y habilidades... de tal manera que al suave roce del aire entrando y saliendo por la fosas nasales... te permite centrarte más en mi voz y en los recursos inconscientes que van aflorando... cuando sea conveniente para ti...

Elevo ahora tu brazo a la altura del hombro, pero estirado...

Cómodo/a y flojo/a lo mantienes ahí... en el momento en el que tu mente inconsciente sepa que sólo estamos aquí tu y yo... o que sólo estamos mi voz y tú... entonces tu brazo descenderá y tu mano descansará pesada y adormecida sobre tu muslo... y mientras que estás escuchando el sonido de mi voz... puedes notar cómo el tono muscular de tu cuerpo se afloja... se desinhibe y afloja relajadamente todo malestar... fluyendo hacia dentro, sea donde sea que ahora tengas que ir... hacia un lugar cálido y confortable en tu interior... mientras que notas inconscientemente los colores cálidos de éste lugar...

Conforme sientes la alfombra bajo los pies... puedes comenzar a sentirte cada vez más y más relajado/a y abandonado/a...

Sólo percibiendo cómo tus ojos descansan plácidamente detrás de tus párpados cerrados...

Como si estuvieran vueltos arriba y adentro... hacia un punto donde simplemente desaparecen... como desaparecen los negros nubarrones que amenazan tormenta... la brisa se va llevando esas nubes... y después de toda tormenta viene la calma... la tranquilidad... el agua fecunda la tierra que contiene en su seno el fruto que florecerá después en primavera y madurara en el verano cálido y apacible... y más tarde, cuando sea apropiado para ti y tu experiencia interna... te dejas llevar hacia lo más profundo de la experiencia... hacia tu universo interior de paz... calma y tranquilidad... realmente esta implicación tuya en la dinámica de la sugestión hipnótica te permite tener en todo momento el control y manejo de todos tus recursos internos... de tal manera que no es demasiado importante lo que yo te diga o no te diga ahora y aquí... sino lo que tú manejas cuando lo despiertas y actualizas allí... donde realmente se desenvuelve tu vida... y así vas tomando el control... vas dando nuevas respuestas desde la calma... la tranquilidad y la seguridad en ti mismo/a...

Yo te muestro el mapa... pero realmente eres tú, con tus propios pies, quien transitas el camino... tuyo es el mérito... mi voz sólo orienta y aconseja... la decisión la tomas tú... tú determinas hasta dónde quieres llegar y tú asumes el control y compromiso del cambio...

Simplemente yo observo tu conducta... tu lenguaje no verbal... lo que me transmite tu inconsciente a nivel corporal... así es que te aplico un enfoque naturalista... utilizo por lo tanto tu propio lenguaje físico... emocional... es tu propia visión del mundo... tu forma de pensar en ciertas áreas la que mantiene ese problema... cambiando ese enfoque mental... cambias la perspectiva... lo ves desde otro ángulo... y ves también que el cambio es más fácil de realizar... desprogramas un habito o conducta que ya no necesitas... por otro más acorde con tu realidad actual... lo importante no es lo que yo te diga... sino más bien lo que tú haces con lo que te digo... no se puede cambiar un pensamiento o conducta con el mismo estado de conciencia que lo ha generado... cambia tu mente y cambiaras tus hábitos y conductas...

¿Qué sentimientos o autoimagen tienes acerca de ti mismo/a? (verbal o RIM)

¿Desde cuándo tienes esa autoimagen? (verbal o RIM)

¿Cómo has llegado a tener esas conductas? (verbal o RIM)

¿De quién has aprendido a comportarte así? (verbal o RIM)

¿Quién te ha programado para tener esa conducta? (verbal o RIM)

¿Tienes alguna ganancia o ventaja al mantener ese habito o conducta? (verbal o RIM)

¿Ganas algo? (verbal o RIM)

Si lo cambias por otra, ¿qué crees que puedes ganar? ¿perder? (verbal o RIM)

Así tú vas viendo en tu experiencia interna que éste es un enfoque estratégico... yo como guía del proceso... soy activamente responsable del establecimiento de tus objetivos... aquellos formulados por ti mismo/a... planifico las intervenciones del abordaje utilizando la hipnosis que te ayuda eficaz y eficientemente en el logro de esos objetivos... diseñamos un plan... un proceso... Exploramos la estructura de lo que haces y cómo lo haces...

Así disponemos del conocimiento necesario para cambiar parte de esa estructura y crear un nuevo cimiento para el logro de tu objetivo... por lo tanto date el tiempo necesario antes de proseguir con la inducción para que proyectes en la pantalla de tu mente tu objetivo, tu meta a conseguir...

¿Cuál es tu objetivo específico y concreto? (verbal o RIM)

Si aprendemos de los maestros, los expertos en el estudio de la mente... recordamos a Milton Erickson, cuando decía que toda persona tiene dentro de sí todos los recursos que necesita para resolver sus problemas... es cierto que tú en ciertos contextos, lugares o situaciones no has podido usar esos recursos... quizá porque no creías que existieran o porque la red social, familia, escuela, moral, la religión... no estimuló ni permitió que tuvieran lugar en tu contexto particular...

Esa organización social... la sociedad... el ambiente en que vivimos... permite y refuerza ciertos roles... y prohíbe o critica otros... tal vez te enseñaron en tu casa, escuela, iglesia... qué debías pensar... ciertos códigos éticos, morales... religiosos... sexuales... de conducta... cómo debías comportarte... lo que estaba bien... lo que estaba mal... pero jamás te han enseñado, óyeme bien, jamás te enseñaron cómo pensar por ti mismo/a... y no según el criterio o normas de los demás... eso nadie te lo ha enseñado, ni el partido político, ni el cura, ni tus padres, ni los profesores... los roles sociales que tú has aprendido y que los demás −la sociedad− espera que tú representes... delimitan y condicionan las comunicaciones disponibles o aceptables... y tal vez esto sea como un callejón sin salida... la comunicación con los demás, reafirma el sistema de creencias... somos como un robot programado... automáticos... y las creencias conscientes delimitan y reducen los discursos inconscientes...

Y tal vez ahora sea menester que te des cuenta de que inconscientemente sabes y puedes más, mucho más que a nivel consciente... realmente tu mente inconsciente, como potencial, tiene más sabiduría y creatividad y más recursos que tu mente consciente... si no fuera así, hoy no estarías aquí... este abordaje de tu problemática en hipnosis servirá para que aprendas a activar los recursos de tu inconsciente dirigidos por tu consciente...

Tu mente consciente está programada por papá... mamá... los abuelos... el cura... el político... la sociedad... la televisión... los medios de comunicación... pregúntate internamente:

¿Hay alguna parte dentro de mí que oponga resistencia al cambio? (verbal o RIM)

Poco a poco descubrirás que tu inconsciente tiene todos los recursos que tú necesitas para resolver tus problemas y hacer de tu vida una obra maestra...

¿Qué recursos crees tener? (verbal o RIM)

Así y ahora... al producir este efecto de distracción... al exhalar... sueltas todo resto de tensión y malestar... todo bloqueo o resistencia al cambio se disuelve fácilmente... dejando que tu cuerpo se hunda más cómodo y adormecido en este sillón... suelto y abandonado... hacia un trance hipnótico profundo...

Sobre tu mente consciente apartas tus creencias restrictivas... el marco de referencia que tú manejas queda temporalmente suspendido... recuerda que si siempre piensas y haces lo que siempre has pensado... siempre obtendrás lo que siempre has obtenido... cuando una cosa no sirve, se cambia por otra...

¿Exactamente, qué quieres cambiar ahora? (verbal o RIM)

Ahora estás creando un estado de gran permeabilidad a los mensajes positivos en tu inconsciente... estás generando una gran receptividad terapéutica... es decir, te das la oportunidad para que tú puedas recuperar y experimentar habilidades naturales que habían sido olvidadas... tal vez dadas por descontadas... o no reconocidas como propias... todo ello debido a presiones y expectativas sociales...

Así, tus habilidades naturales son recuperadas... son asociadas con los estímulos típicos de tu vida... en el área social... familiar... personal... sexual... de tal modo que, allí donde estés... aprenderás a ser tú mismo/a... a utilizar tus recursos naturales fácilmente...

¿Qué recursos tienes? (verbal o RIM)

Cuando tú te reintegras en la red social... y cuando percibas los estímulos originales... esos que disparaban tus problemas de conducta, miedo, fobia, angustia o timidez... aquello que en el pasado te ponía nervioso... o te daba rabia o malestar...

Sin embargo a partir de ahora... descubres que dispones de nuevas opciones o que previamente no habías utilizado...

¿Qué signos de reconocimiento evidencian que estás dando nuevas respuestas? (verbal o RIM)

Así vas descubriendo que los estímulos ya no disparan tus respuestas negativas del pasado... ésas de miedo, ansiedad, inseguridad... ahora das otras respuestas más asertivas y positivas... descubre que ahora no te condicionan viejos hábitos o pautas de conducta antiguas...

¿Qué nuevos hábitos quieres adquirir ahora y cuáles cambiar? (verbal o RIM)

Ahora en lugar de viejas pautas de conducta... provocas nuevas asociaciones con las habilidades que ahora estás descubriendo... y así las pones en práctica...

¿Qué verás, sentirás y harás cuando estés dando ese cambio? (verbal o RIM)

Así te das cuenta del cambio que se está dando en tu forma de actuar... de sentir... y de pensar... algo nuevo y más grande está despertando en tu interior... aprende a dejar atrás físicamente a tus espaldas esas cosas del pasado...

Sin darte cuenta conscientemente, está teniendo lugar una re–asociación de tu experiencia vital... te sientes más creativo/a... más seguro/a y más capaz... y probablemente, más tarde, en días venideros... descubrirás que por lo general, los recursos son recuperados y re–asociados mediante tu nueva capacidad de ser tú mismo/a...

Más centrado en tu proyecto interior de cambio... incluso más optimista al descubrir que el poder del cambio reside dentro de cada individuo... y tú no eres una excepción...

Verás más realista alcanzar tus sueños y proyectos... tu futuro tiene otro color... otro sonido... es como si escucharas dentro de ti tu propia melodía... tu nota clave particular, eso que te hace diferente...

Y aunque ahora no seas consciente de todo ese cambio... tu mente inconsciente está despertando ese potencial... y así descubrirás y te darás cuenta de lo mucho que estás logrando con la terapia hipnótica... quizá lo descubras pasado un tiempo...

Por ejemplo, la relación con otras personas... tu relación con el entorno social... amigos/as... familia... te proporciona una oportunidad para notar los cambios... sí, descubrirás que eso que denominamos tu mente inconsciente... representa realmente lo más central de tu propio yo... y así, con esta terapia hipnótica, estamos disponiendo las condiciones que fomentarán y facilitarán la emergencia de ese inconsciente en calidad de fuerza positiva que optimiza tus recursos internos... y descubrirás que tus procesos inconscientes pueden operar de un modo inteligente autónomo y creativo... todo al margen de lo que tu mente consciente o razonativa sepa o crea...

Ahora formula internamente una pregunta:

¿Qué es lo que mi inconsciente tiene que decirme?

¿Hay algo que mi inconsciente quiere que yo sepa ahora? (verbal o RIM)

Así pues, asumes a tu niño/a interior... como símbolo de tu energía inconsciente creativa... como esa semilla capaz de germinar y dar espléndido frutos... es como si caminarais juntos... tu niño/a interior... el/la joven que fuiste y el/la adulto/a que eres... camináis hacia una puesta de sol... simboliza la libertad, siéntela... como si flotarais en el espacio... en un tiempo y espacio... donde os intercambiáis información... ese niño/a cuenta al adulto toda su vida, su tristeza y dolor... también su alegría y curiosidad... el/la adulto/a que eres ahora transmite al niño/a toda tu experiencia... dale a tu niño/a interior todo lo que hubiera necesitado y que tú tienes ahora...

¿Qué tiene tu adulto/a ahora que hubieras necesitado en la infancia? (verbal o RIM)

Muy bien... así podrás resolver los innumerables cabos sueltos de la niñez... Carl Gustav Jung decía: "En el fondo de todo adulto yace un niño eterno... en continua formación... nunca terminado... que solicita cuidado... atención... y educación constante... ésta es la parte de la personalidad humana que aspira a desarrollarse y alcanzar la plenitud...".

Y así durante el trance... o más tarde de regreso a tu casa... o tal vez esta noche... a través de un sueño... o quizá en días venideros... encuentres un lugar dentro o fuera de ti... un lugar o espacio que te guste para plantar una semilla de la cual nazca más belleza... así te estás preparando poco a poco... tú preparas la tierra húmeda y fértil... siembras la semilla del cambio que se está produciendo en ti... algo crece y evoluciona... después conviértete en esa semilla... quédate inmóvil en la oscuridad atento a la sensación que te da ser esa semilla...

¿Sabes tú hacia dónde crecer?... ¿sabes hacia dónde queda arriba?... y... ¿hacia dónde tienen que ir las raíces?... aquí en la oscuridad uno/a no puede ver... pero puedes sentir y puedes saber...

Hipnoanálisis: infancia

Después de la relajación hipnótica, se invita a los practicantes con ayuda de su inconsciente a regresar al pasado, a su niñez, a la evocación de experiencias almacenadas. Muchas de ellas contienen recursos y capacidades que deben ser actualizados en el presente.

Se realizan inducciones referidas a una sala y a un descenso por unas escaleras. El objetivo es regresar a la niñez, evocar una imagen de un niño/a pequeño/a de unos 6/7 años de edad... un niño/a que sonríe...

"¿Has observado alguna vez que los niños súbitamente pueden manifestar ideas que nos hacen preguntarnos cómo pueden tener posesión de ellas y cómo éstas presuponen una larga serie de otras ideas o de autocomunicaciones secretas, que irrumpen al igual que un arroyo que sale de la tierra y que esta irrupción es un signo infalible de que el arroyo no se produce en un momento determinado, y de unas cuantas gotas, sino que ha estado fluyendo largo tiempo escondido bajo el suelo?".

J.G. Herder

Proceso de visualización

Bien, y ahora dime: ¿Qué imagen tienes de ti mismo/a?

(Respuesta)

Ahora, partiendo de la imagen que tienes de ti mismo/a...

Y desde el presente... te pediré que regreses en el tiempo a tu pasado...

Con la ayuda de tu mente inconsciente... que contiene en su memoria celular... todos los recuerdos y acontecimientos de tu vida... regresa en el túnel del tiempo...

Vete recordando hacia atrás en el pasado... como si revisaras una película...

Hasta que llegues a tu infancia...

Hazlo poco a poco... sin prisas... no te saltes ninguna etapa importante...

Hazlo como si fueras un espectador de tu propia vida...

Hazlo con la curiosidad de un/a niño/a...

Exhalando largamente... percibe tus ojos detrás de tus párpados cerrados... tu respiración larga y profunda... y tus ojos como si estuvieran vueltos suavemente hacia arriba y adentro... hacia un punto donde simplemente desaparecen... y dejando caer pesadamente todo el cuerpo... flojo y abandonado... exhalas largamente y... te dejas ir... permite que mi voz te acompañe... ahora exhalando de nuevo pasas a relajar los músculos de la cara... esa relajación desciende ahora de los músculos faciales a los músculos de la mandíbula... permitiendo que la lengua caiga a la base de la boca suelta y relajada...

Muy bien, deja que todo fluya... todo el cuerpo se va relajando y adormeciendo con cada nueva exhalación que das... ahora contaré del diez hasta el uno... y tu estado de relajación y sopor irá aumentando más y más...

Bien y a medida que voy contando número a número... desciendes en tu nivel de relajación y seguridad... diez... nueve... más y más profundo... ocho... siete... más abandonado desciendes en tu nivel de trance... seis... cinco... cuatro... dejando caer pesadamente todo tu cuerpo... tres y toda intranquilidad desaparece de tu cuerpo... sigues escuchando mi voz... dos... y uno... todos tus músculos están relajados y flojos... experimenta una agradable sensación de paz y tranquilidad... tal vez de adormecimiento en todo el cuerpo... pero tu mente está alerta y tiene acceso fácil a tus recuerdos...

Y ahora voy a pedirte algo inusual que tal vez tu consciente no entienda... pero tu inconsciente sí... quiero que retrocedas en tu memoria... como si entraras en el túnel del tiempo... y te vieras regresando a tu niñez... hasta que encuentres un recuerdo o fotografía tuya de cuando tenías entre quince y dieciocho años... cuando lo tengas, concéntrate en ese recuerdo o fotografía... y mira bien la ropa que llevas puesta... como si el tiempo se hubiera detenido y estuvieras ahora de nuevo allí... siente que llevas esa misma ropa... mira el calzado que llevas... observa el color y textura de la ropa... siente los pies dentro del calzado...

¿Cómo te sientes con esa ropa? ¿Te gusta cómo vas vestido/a? (verbal o RIM)

Bien, ahora quiero que retrocedas un poco más en tu memoria... no fuerces y deja que sea la voz de tu subconsciente la que se abra y te dé la información que tú ahora necesitas... si no ves nada o te cuesta seguir mi voz... no importa... relájate más y déjate llevar... la experiencia llegará cuando estés preparado/a para ello... busca entonces una fotografía o alguna imagen de cuando tenías entre ocho y doce años... deja oscilar tu memoria... siete o tal vez once años... no fuerces... y cuando la tengas mira bien esa imagen... concéntrate en esa fotografía... ¿Dónde estabas cuando te la hicieron y con quién?... trata de recordar el lugar... época del año... ¿quién te sacó la foto?... ¿te gusta cómo vas vestido/a?... ¿sientes tu cuerpo con esa edad? (verbal o RIM)

Muy bien y ahora deja que aparezca la imagen de un niño/a... un niño sentado en su sillita, allí en aquella vieja aula escolar... tal vez sea la imagen de un niño/a de seis o siete años... o quizá cinco... no lo sé... tan sólo deja que aparezca por sí solo/a... (verbal o RIM)

Sin esfuerzo... si es una fotografía, mira la ropa que llevas puesta... quizá te venga también la imagen del profesor que, tiza en mano, va cubriendo aquella gran pizarra de letras y números... las lecciones del día...

Quizá evoques aquel olor peculiar de las escuelas: una mezcla a sudor, lápiz y goma de borrar... y si pasas los deditos por la madera del pupitre... te darás cuenta de que tiene nombres y números grabados...

O es posible que vuelvas a ser y sentirte ahora de nuevo aquel niño/a que está jugando en el viejo patio escolar del colegio... ... (verbal o RIM)

Pero si el recuerdo es en el aula... mira quién está a tu derecha... quién a la izquierda... o tal vez estés viendo al niño/a que está delante de ti... pero si giras la cabeza te darás cuenta de cómo se llamaba el que tenías detrás... ¿qué habrá sido de todos ellos... ¿dónde están las ventanas?... ¿enfrente, derecha o izquierda?... tal vez ahora te acuerdes del nombre del maestro o maestra... ¿cómo se llamaba?... ¿qué recuerdo te viene ahora?... (verbal o RIM)

No fuerces y deja que todo fluya... imágenes... emociones y sensaciones físicas de ese niño/a que fuiste... sí... ahora estás adentrándote más y más en tus recuerdos... conectando con ese 'yo' de tu niñez... ¿Dónde está ese niño/a que fuiste aquí y ahora?... todo cambia en nosotros/as... nuestro cuerpo... nuestras emociones y pensamientos... nuestras creencias y anhelos... hasta el nombre puede cambiar en algún momento... ¿dónde está el sentimiento de ese niño/a que fuiste? ¿qué ha sido del sentimiento de ser 'tú mismo/a' que permanece a través de todos esos cambios físicos y emocionales? (verbal o RIM)

No fuerces y deja que todo fluya...

Ahora simplemente voy a pedirte que retrocedas un poco más en tus recuerdos... hasta que te venga una imagen o veas una fotografía tuya tomada cuando tenías tal vez dos o cuatro años... deja oscilar la memoria y acepta cualquier recuerdo o imagen... cuando tengas algo así focaliza bien la atención y mira a los ojos del niñito/a que fuiste... ¿recuerdas haber estado en ese cuerpecito? ¿qué sensación te produce tu cuerpecito tan pequeño? ¿dónde vivías cuando te hicieron esa foto?

Tómate un tiempo para recordar cómo era el hogar de tu niñez... tu familia... tus hermanos y demás familia... ahora estás en una bañera... baja la mirada y mírate los muslos y los pies... siente cómo chapoteas el agua con tus piececitos... ¿sientes los deditos de tus pies?... mira hacia arriba... ¿quién te baña?... ¿sientes el agua caliente sobre tu piel?... ¿y el olor a jabón?... (verbal o RIM)

Ahora te sugiero que pongas todas esas fotografías en fila... quiero que te veas de niño/a... de niño/a mayorcito... tal vez en la pubertad... ya de adolescente... tal vez en la primera comunión... deja que todo se enfoque... mira todos esos cambios que ha sufrido tu cuerpo... ¿qué es lo que ha permanecido igual?... tu cuerpo cambió... las ropas y calzado cambiaron... lugares y personas cambiaron...

Ahí, en esas fotografías y recuerdos, ¿qué sigue siendo tú mismo/a?... ¿siguen esas imágenes y esas emociones de tu infancia en algún lugar de tu mente? ¿qué conservas en tu presente, de tu 'yo' infantil? (verbal o RIM)

Bien, quiero que medites ahora una cosa: cada una de esas fotografías o recuerdos representa sólo un segundo del tiempo en que has vivido esta vida... detrás de esa fotografía o recuerdo cuando tenías esa edad... puedes imaginar ahora toda una hilera de recuerdos y fotografías tomadas en todos los demás segundos que has vivido desde tu nacimiento hasta los seis o siete años... hazlo con calma y deja que aparezca esa hilera de fotos y recuerdos... mira cómo esa hilera de recuerdos o fotografías alcanzarían hasta el infinito...

Detrás de las fotos y recuerdos de niño/a ya mayorcitos... se extiende una fila inabarcable de ellas de todos los segundos que has vivido hasta llegar a la pubertad y adolescencia... y esa fila se extiende hasta el infinito...

Detrás de ti en tu etapa adolescente se alarga más y más la fila de los demás segundos que has vivido a través de tantas y tantas experiencias en aquella etapa de tu vida...

Ahora tómate un tiempo para recordar cómo ha cambiado tu cuerpo... si todos los cambios por los que ha pasado tu cuerpo... los procesos de maduración sexual y hormonal... llegaran a haberse grabado en un vídeo... si se recogieran ahora todos los sentimientos... pensamientos... emociones... sensaciones corporales... tus sueños y ambiciones de la juventud... tus tristezas y alegrías... también la hilera o película de recuerdos y vivencias llegaría hasta el infinito...

Sigue mirando esa hilera sin fin de recuerdos y fotografías que contienen tu pasado hasta la edad de dieciocho años... tómate un tiempo y mira cuánto recuerdas realmente de él... verás que mucho de tu pasado ni lo recuerdas... se ha perdido para tu memoria consciente...

Tal vez descubras que el pasado que crees recordar... es sólo un vago recuerdo... una falsa película que te cuenta tu mente consciente... ésta sólo recuerda fragmentos y trozos del pasado y los va hilvanando para componer una historia a la que tú llamas 'mi pasado'... quiero que veas que es como un montador de cine... va pegando tomas para componer una película...

Y tal vez te das cuenta ahora de que tu pasado... lo que recuerdas de él... es fragmentario y limitado... echa un vistazo y te darás cuenta de que para cada momento de tu pasado, en el que creías odiar a alguien o estabas enfadado/a con esa persona... podrías encontrar otros muchos momentos en que amabas o te llevabas bien con esa misma persona... para cada momento del pasado en el que te sentías abatido/a o avergonzado/a por algo... o tal vez culpable por alguna acción... podrías encontrar momentos en los que te sentías satisfecho/a, seguro/a de tus acciones y hasta orgulloso/a de ti mismo/a...

Irás viendo que, perdidos en las infinitas hileras de fotos y recuerdos de tus primeros años... evocarás una serie de capacidades o potencialidades que nunca llegaste a realizar... nunca llegaste a aplicar... emociones y pensamientos que olvidaste hace mucho tiempo... proyectos y opciones que nunca llevaste a la práctica...

Tal vez ahora te des cuenta de que tu pasado y recuerdos son tan cambiantes como tu futuro... esto quiere decir que puedes escoger trozos o fragmentos de tu pasado... prácticamente olvidados hace mucho tiempo... y tal vez decidas poner en funcionamiento ese potencial... quizá en un futuro hacia el cual te encaminas a partir de ahora... puedes ponerlo en práctica si tú lo deseas... esto es lo que significa el libre albedrío...

Muy bien y ahora tal vez... seas consciente de las enormes capacidades y posibilidades de desarrollo que posees en tu interior... aprendiendo a utilizar tu hemisferio cerebral derecho... aunque no quiero que pienses en ello ahora... tu subconsciente ya sabrá más tarde cuándo hacerlo...

Ahora tu cuerpo relajado y adormecido libera tensiones y malestar... todo tu organismo en perfecta armonía interior... tu sistema nervioso funciona perfectamente... tus glándulas internas... tu aparato cardiovascular... tu presión arterial en perfecta armonía y sincronizando tu organismo de manera óptima y regular... te dejas llevar al fondo de la experiencia... tu cuerpo, tal vez lo sientas tan abandonado y pesado que parece se hunde más y más en el lugar donde descansas... cómodo y fácil... descansas... sensación de paz y armonía... pero tu mente permanece ligera... libre y abierta a la experiencia... flotando libre... libre en tu cuerpo... libre en tu respiración... libre en tu mente...

Y ahora simplemente... quiero que proyectes una imagen... como si fueras una mente o espíritu... como si fueras un punto de luz... una conciencia que se eleva flotando desprendiéndose de tu cuerpo que yace abajo adormecido... y sube hasta tocar casi el techo arriba... como una lucecilla desde arriba... miras hacia abajo de la habitación... desde una panorámica en el techo y mirando hacia abajo ves tu cuerpo tumbado y respirando profundamente relajado... tal vez veas también todo lo que contiene la habitación... las paredes y sus cuadros o fotografías... la mesa y sillas... todos los demás objetos... y tal vez veas ahora mi cuerpo junto a ti... trata de ver cómo estoy sentado y la posición de mis manos y piernas... lo ves desde la panorámica de arriba mirando abajo al suelo... quizá veas también a las personas que comparten contigo esta experiencia...

Ahora lentamente sales flotando hacia arriba... por encima de este edificio flotando más y más libre como una mente o espíritu... hacia la estrellada noche... flotando arriba hacia el cielo tachonado de estrellas... tal vez con la luminosidad de la luna... y mientras flotas y te alejas miras hacia abajo... la ciudad y sus calles... la gente... las luces y letreros... pero tú flotas cada vez más y más alto... por la aterciopelada oscuridad del espacio... de la noche... te dejas llevar por la paz y la tranquilidad... flotando... flotando asciendes y te alejas... flotando más y más... te alejas...

Bien, ahora presta atención... tal vez tu mente consciente no va a entender lo que voy a sugerirte... pero tu mente subconsciente sí me entenderá... voy a pedirte que hagas algo inusual... quiero que reduzcas los potenciales bioeléctricos de tu cerebro a unos cuatro o seis ciclos por segundo... la actividad cerebral será de unos seis ciclos por segundo... no hace falta que lo entiendas... sólo contar y bajar a un nivel profundo... cuando desciendas a ese nivel de onda serás capaz de hallar respuestas a mis preguntas... sigue escuchando mi voz... voy contando y desciendes... tu actividad cerebral irá bajando lentamente... hasta unos cinco ciclos por segundo... 10, 9, 8 más y más desciendes... 7, 6, tu cerebro se adormece plácidamente... 5, 4, 3 más y más profundo... 2 y 1... ahora estás dispuesto a conectar con tu hemisferio derecho... con tu imaginación y creatividad...

(Tiempo)

Quiero que vayas anotando aquellas experiencias que tú creas te han condicionado más...

Y así poco a poco... cada vez que recuerdes algo importante para ti... hazme una señal... o háblame de ello si te apetece y es más liberador para ti...

(Tiempo)

Muy bien, y ahora... quiero que selecciones de todas esas experiencias...

La que tú creas que te ha afectado más... o que te haya condicionado más...

Aquella que te haya afectado tanto... que todavía te está condicionando en tu presente actual...

Bien, ahora dime si esa experiencia es entre los 0/7 años... Entre los 7/14 años... O más bien entre los 14/21 años... (verbal o RIM)

(Tiempo)

Muy bien... ahora habla con ese niño/a o con ese adolescente...

¿Querías a alguien? ¿cómo le querías? ¿a cambio de qué? (verbal o RIM)

¿Te sentías querido por alguien? ¿a cambio de qué? (verbal o RIM)

¿Cómo te sentías? ¿a cambio de qué? (verbal o RIM)

¿Eras feliz? (verbal o RIM)

Bien, imagínate en esa edad... dando y recibiendo amor... ¿cómo te sientes mejor?... dando o recibiendo amor... (verbal o RIM)

Bien, y ahora tómate un tiempo antes de contestar... en esa edad... ¿cómo te hubiera gustado que transcurriese tu vida?... tómate un tiempo para imaginártela como a ti te hubiera gustado...

(Tiempo)

Bien y ahora dime: ¿dónde guardas todos esos recuerdos?... (verbal o RIM)

Son más bien imágenes o emociones o simplemente pensamientos... ¿cómo distingues un pensamiento de una imagen? ¿cómo sabes cuando es un recuerdo o una emoción? (verbal o RIM)

Muy bien... ahora coge toda la negatividad... todo aquello que te perjudicó en esa etapa de tu vida y entiérralo en algún lugar de la naturaleza que tú conozcas o te imagines...

(Tiempo: música, pájaros, agua...)

(verbal o RIM)

Ahora dime: ¿por qué has elegido ese lugar y no otro?

¿Qué tiene de especial para liberarte de esos recuerdos y emociones? (verbal o RIM)

Bien, el YO adulto que eres ahora se dirige a ese yo más joven que fuiste...

Ese YO adulto actual, que tú eres ahora...

Se dirige a ese joven...

Ese YO adulto que ha madurado...

Que ha vivido otras muchas experiencias...

Que ha adquirido más conocimiento y tiene más poder...

Debe hablar con su yo más joven... con su niño/a interior... con su yo infantil... dile que regresas de su futuro... dile que has sobrevivido... que has madurado... que has aprendido muchas otras cosas... (verbal o RIM)

Dile que has vuelto para darle comprensión... para darle tu amor incondicional... ese amor que antes nadie le dio... (verbal o RIM)

Cógele por los hombros y acércale a ti...

Como YO adulto te reencuentras con tu niño/a interior... ¿qué le dices? ¿qué te dice? (verbal o RIM)

¿Qué necesita tu yo más joven? ¿qué necesita tu YO adulto? (verbal o RIM)

¿Qué le puede dar tu YO adulto a tu yo infantil? ¿Qué hubiera necesitado tu yo infantil que tu YO adulto tiene ahora?

¿Puedes dárselo ahora? (verbal o RIM)

¿Te apetece abrazarlo? ¡Hazlo! Al hacerlo... ¿qué le dices?... ¿qué te dice? (verbal o RIM)

(Tiempo)

Bien... aparte de seguir condicionado por el lastre del pasado...

¿Qué otra cosa más positiva puedes hacer?... (verbal o RIM)

No digo que pienses... digo hacer realmente... no importa si poco o mucho...

Pero hacer algo realmente...

(Tiempo)

Y ahora, dime: ¿qué cambios te gustaría incorporar ahora en tu vida?

¿En qué área? Familiar... laboral... social... a nivel personal...

(Tiempo)

(verbal o RIM)

Muy bien, y ahora imagina que ya se ha dado ese cambio...

¿En qué eres diferente? (verbal o RIM)

¿En qué sigues igual? (verbal o RIM)

¿Qué puedes hacer ahora y antes no podías? (verbal o RIM)

¿Qué podías hacer antes y ahora ya no? (verbal o RIM)

Muy bien, ahora, así con los ojos cerrados... descansas y te dejas llevar de nuevo... quiero que vuelvas a evocar esa agradable sensación de relax y descanso...

A cada exhalación te aflojas y relajas un poco más...

Exhalar y soltar toda tensión residual... todo malestar sale junto a los deshechos de la respiración... soltando... liberando...

Ahora levanto tu brazo a la altura del hombro...

Lo mantienes suspendido ahí... la muñeca y la mano relajada... y los dedos sueltos y flojos...

Vuelves suavemente los glóbulos oculares hacia arriba...

Como si miraras al centro de tu cerebro... hacia un punto donde tus ojos desaparecen...

Imagina el número 10... si no lo ves... no importa... haz como si lo vieras...

A medida que vas contando en forma descendente del 10/1...

Haces coincidir cada número con una exhalación...

Así... poco a poco... tu brazo irá pesando y bajando más y más cansado... pesado...

Cuentas... exhalas y el brazo pesa y desciende lentamente...

Todo al mismo ritmo... al llegar al cero... tu brazo cae y descansa pesadamente sobre tu muslo...

Bien... y ahora que tu brazo descansa pesadamente...

Vuelves a proyectar en tu imaginación... la película de ese cambio... como si ya estuviera ocurriendo... incorpora todos los elementos que estarán presentes... sensaciones... colores... sonidos... tacto... movimiento... respiración... olores...

Muy bien... ahora métete dentro... entra de lleno en esas imágenes y siéntelas...

Y ahora poco a poco te alejas del lugar del nacimiento... estarás flotando hacia arriba... lejos de allí... regresas flotando por el espacio... de vuelta a tu energía de luz... flotas en tu luz y sientes esa energía que te envuelve y protege... te estiras y relajas... flotando como una mente o espíritu... sigues flotando y regresando hacia tu cuerpo que yace dormido y descansado en este lugar... flotas más y más libre... ahora empezaré a contar en forma descendente... volverás a tu cuerpo poco a poco... 10, 9, 8 vas entrando en tu respiración... 7, 6... entrando en todos tus sistemas orgánicos... 5, 4... todo tu organismo se prepara para despertar... 3, 2... tu cuerpo relajado y todos tus sistemas orgánicos vuelven a la normalidad... y 1... ahora poco a poco vas saliendo del trance completamente liberado/a de cualquier emoción o sensación negativa... eso ya es pasado... ahora aquí... todo tu cuerpo en perfecta armonía y lleno de vida, oxígeno y energía...

Las preguntas *"quién soy yo y qué hago en esta vida"* deben vibrar intensamente en la mente y el corazón del paciente. Sin ese anhelo y deseo no hay proceso ni cambio posible.

Muchas personas sienten un gran malestar en sus vidas. Vivir así, de esta manera tan mecánica y rutinaria, no tiene sentido. Es manifiestamente absurdo.

Nacer, crecer y morir. En ese intermedio entre el nacimiento y la muerte, luchar por conseguir un montón de cosas, a veces conseguirlas y otras no. Y al final, la muerte.

Antes, ver y asistir cómo muchos de nuestros seres queridos sufren, enferman y mueren. Ser testigos de nuestro propio deterioro físico y mental.

¿Ésta es la finalidad de la existencia humana? ¿Qué sentido tiene la vida?

Estamos viviendo en este mundo, estamos experimentando la forma física por algún motivo y por alguna razón fundamental.

Saber para qué y por qué vivimos, ésa es la finalidad de la existencia. Conocerse a sí mismo/a y auto–realizar todas las infinitas posibilidades latentes en la criatura humana, ése debe ser el único objetivo mientras tengamos un cuerpo y un cerebro con sus más de 15.000.000 millones de neuronas cerebrales.

Anclaje

Este proceso de hipnoanalisis, o hipnosis regresiva en la edad, facilita evaluar y decidir la experiencia que haya sido más condicionante en la vida del sujeto de tal manera que a partir de ahora, se puede seguir el proceso abordando eficazmente la formulación de objetivos en hipnosis y patrones de cambio con PNL.

Éste es uno de los ejercicios de regresión en el tiempo más eficaz y práctico para inventariar la vida y las circunstancias en que la persona se ha movido en su vida actual.

Es de una extraordinaria eficacia para ser consciente de la gran cantidad de experiencias acumuladas y de su valor en cuanto a recursos y aprendizajes que el individuo tiene.

Al fin y al cabo, todo son experiencias que, usadas y actualizadas en el contexto apropiado, son una fuente de recursos incalculables.

Son experiencias que nos dotan de más conocimiento, de más capacidad para afrontar los retos de la vida, superar y trascender los problemas y gozar y valorar mucho más cuando las cosas marchan bien.

Al regresar al pasado, la persona no solamente puede inventariar aquellos sucesos que más le condicionan en el presente y liberarlos a través del hipnoanálisis, sino también darse cuenta de muchas capacidades, sueños y proyectos que están como asignaturas pendientes y que, tal vez, ha llegado el momento de retomar esos propósitos y realizarlos dándole así a su vida una realización práctica y enriquecedora.

Es precisamente la regresión hipnótica la que facilita este proceso de realización personal.

La terapia regresiva se convierte así en un método único y sin parangón con ninguna psicoterapia convencional.

El modelado libre se basa en las magistrales lecciones de psicoterapia de la doctora Helen Wambach de Estados Unidos.

"Si quieres conocer el pasado, observa tu vida presente. Si quieres conocer el futuro, observa tu presente".

Gautama Buda

"He recorrido un largo camino a partir de aquel día del destino en el que yo, un médico con entrenamiento clásico, profesor de psiquiatría y escéptico confirmado, me di cuenta de que una vida humana es más grande y profunda que lo que mi

entrenamiento médico me había hecho creer".

Brian Weiss

XII

APLICACIÓN DE PATRONES HIPNÓTICOS

Una técnica perceptual–motriz

Seguimos con las preguntas básicas: ¿Cómo hacer? ¿Qué es la mente inconsciente? ¿Cómo interactúan el consciente y el inconsciente? ¿Cómo explorar y comprobar todo esto?

En estado de trance se cambia la forma de pensar, sentir y de actuar. Hay otra percepción de las cosas y de uno mismo/a...

Sí, esto suele ocurrir a veces, pero no siempre. Ya hemos dicho que estar en hipnosis es algo complejo de definir, cada persona responderá de manera diferente a las inducciones, su respuesta ante la técnica hipnótica varía en función de su grado de sugestionabilidad.

Se puede entrar en trance hipnótico de muchas maneras: con la inducción clásica o formal, con las sugestiones o metáforas naturalistas al estilo de Erickson, incluso hay gente que entra en trance a través de bailes y cánticos religiosos o rituales. Bailando alrededor del fuego en determinados rituales de culturas antiguas, escuchando un mitin político o un sermón religioso; las arengas políticas y militares de Hitler sobre el pueblo alemán son otro ejemplo de cómo se sugestiona y se hipnotiza colectivamente a las masas. Eso es lo que hacen los políticos de todas las tendencias: las masas aplauden, vitorean las consignas y acuden como borregos a votar en estado de sugestionabilidad hipnótica y creen que lo hacen consciente y voluntariamente.

Vivimos, pues, en el mundo de las creencias. Nada sabemos acerca de nosotros/as mismos/as, ni de los misterios de la vida, del cosmos, el origen del hombre:

"*Solo sé que no sé nada*".

Sócrates

Creencias en el dios espíritu, creencias en el dios materia, creencias sobre el origen del hombre y la creación del universo. Creencias y más creencias que, como simples creencias, se pueden cambiar, especialmente las que tengamos sobre nosotros/as mismos/as y sean limitantes. Cambia tu forma de pensar y cambiarás tu vida: no lo creas, hazlo y saldrás de dudas.

Supuestos teóricos sobre la hipnosis

La investigación de la hipnosis y la exposición de ideas acerca de ella tiene cierto paralelo con la discusión que tuvieron siete ciegos sobre un elefante.

Los ciegos arguyeron con mucho ardor y, por último, investigaron. Uno de ellos palpó el colmillo de la bestia; otro, la cola; otro, el flanco; otro más, la oreja; el quinto examinó la trompa, etcétera.

Después que cada uno hizo el examen completo de una parte especial del elefante discutieron con aún mayor intensidad.

Lo mismo sucede con la hipnosis. Todo el mundo tiene su particular punto de vista, tan necesariamente limitado como el mío.

Milton Erickson

Todos nosotros/as debemos pasar por una serie de etapas de desarrollo. Desde la primera infancia hasta llegar a la etapa adulta, pasando por las distintas fases de la infancia, la pubertad y sus cambios psicofísiológicos, la adolescencia y la juventud.

La gente tiene problemas por las limitaciones aprendidas en la infancia. El objeto del trance es relajar estas limitaciones de los marcos de referencia usuales para permitir que la vasta reserva de potencialidades pueda operar.

Milton Erickson

Por múltiples razones, quienes nos hemos criado en hogares disfuncionales no hemos pasado por algunas de esas etapas esenciales y, en consecuencia, una parte de nosotros/as deja de crecer: es como si en la infancia no nos hubieran alimentado bien y de mayores sufrimos de anemia.

Entonces, la parte herida o disminuida se transforma en la figura de ese niño/a interior del que ya he hablado anteriormente, un niño/a que se encuentra atrapado en ese periodo del crecimiento. Surgen necesidades insatisfechas, problemas que se activan en cada uno de esos niños/as interiores, en cada etapa del desarrollo.

El adulto no ve satisfechas sus necesidades, no ve realizada su vida, sufre de constante malestar, miedos y complejos: la ira, la rabia, la frustración y la insatisfacción son estados de conciencia que le acompañan limitando su vida, sus posibilidades. Sufre y hace sufrir.

Para curar los trastornos del pasado es preciso actuar individualmente sobre cada niño/a interior, es preciso abordar al bebé, a ese bebé interior que gritaba deseoso de atención y de contacto físico.

Al niño/a de dos años, al que no le permitían exteriorizar su cólera o sus rabietas. Al de seis años que no tenía amigos/as o no le dejaban salir a jugar con otros niños/as del barrio. A ese niño/a de once años que fue víctima de un incesto, de abusos sexuales en su niñez. Al niño/a que en su adolescencia se sentía gordo/a y feo/a.

Realmente, para estar más plenamente presentes en nuestra propia vida, debemos invitar a todos esos niños/as para que regresen a su hogar interior, a fin de nutrirlos y sanarlos.

Por ejemplo: si ahora podemos relacionarnos con el bebé interior de una manera constante y eficaz, afectuosa, será posible empezar a satisfacer sus necesidades y ya no tendrá que ser dependiente en extremo en sus relaciones adultas, con su pareja o con otras personas.

Podemos comprender, mediante la observación, que ciertos comportamientos adultos buscan satisfacer carencias, necesidades no satisfechas en la infancia.

Del mismo modo, si podemos dar rienda suelta a la necesidad de explorar que tiene nuestro niño/a interior, de abrirse a lo nuevo con esa capacidad de asombro de nuestro niño/a de dos o tres años, tal vez reprimido, es muy posible que superemos nuestro temor de adultos al riesgo y al éxito.

¿Qué logramos con este viaje retrospectivo?

¿Qué conseguimos al regresar en nuestra memoria, al mundo, al escenario donde habita nuestro niño/a interior?

¿Para qué ese regreso en la memoria infantil?

Sencillamente, empezaremos a ocuparnos y compadecernos de nuestros niños/as interiores. Uno es el niño/a de dos años, nuestro niño/a interior; otro es nuestro niño/a de seis añitos, nosotros/as mismos/as con seis años; otro es tu niño/a interior de diez años, deambulando por los rincones de tu memoria celular, perdido por los recovecos de tu cerebro y su memoria. Este proceso interior, esta mirada interior es para curar y sanar, para posibilitar el desarrollo de nuevas posibilidades e integrar los sentimientos perdidos, para manifestar otros nuevos y más sanos, para adoptar otras pautas de conducta que nos capacitan para pasar a la siguiente etapa de nuestro desarrollo personal. ¿Qué ocurre finalmente?

Algo extraño, complejo de entender y mágico a la vez cuando se alcanza: finalmente nos convertimos en los padres y madres afectuosos/as y amables que no tuvimos de niños/as.

Y ahora llevas la atención a tu respiración... tomando conciencia de tu respiración... muy bien... sé consciente sólo de tu respiración... y en primer lugar... permite que tus pies reposen planos y cómodamente... en el suelo... mientras sigues respirando pausadamente... lentamente... y vas dejando que el aire suba por tu nariz... y baje hasta tus pulmones... y salga de nuevo... al exhalar... vas permitiendo que se vayan todas las molestias de tu cuerpo... a cada exhalación soltar... relajar... dejando ir todo malestar y toda tensión residual...

Muy bien... y la próxima vez que inspires... gira tus ojos como si estuvieras mirando algo que se encuentra por encima de tu cabeza... por ejemplo: arriba en el techo... y luego, conforme exhalas lentamente... cierra tus párpados hasta un punto en el que, simplemente, ya no existen... y dejas que esta sensación de relajación se extienda y baje hasta los dedos de tus pies...

Y así vas dejando que poco a poco... tu cuerpo flote... mientras disfrutas de esta agradable sensación de flotar... ingrávido/a como una pluma... flotas y te elevas ligero/a... flotando... y así... puede que pronto notes una sensación en uno de los dedos de tus manos... tan solo espera a ver qué sucede... en qué dedo y en qué mano lo notas... no necesitas hacer nada en especial... ni tan siquiera tienes que pensar en ello... sólo dejar que suceda... y cuando notes esa sensación... deja que se extienda por el resto de la mano... y tu mano y tu brazo por extensión... se hará más y más ligero... flotando suavemente... lentamente flotando... y sin esfuerzo...

Automáticamente se levanta y flotando sube... más y más alto, sube y flota... más y más alto... mientras se hace más y más ligera... simplemente imagina que tu mano está atada a un globo lleno de gas... un globo de bellísimos colores... que está tirando suavemente del brazo hacia arriba... flotando, sube incluso más lejos hacia arriba... hacia el techo... con movimientos limpios y secos... sube y flota... aunque tu mente consciente no sabe que son movimientos limpios o secos... tu inconsciente sí lo sabe... y la mano... todo el brazo ligero... flotando sube más y más... hacia arriba... hacia el techo... disfrutas de esta sensación de flotar... agradable y placentera...

Bien... y en un momento... cuando yo cuente del uno al seis... quiero que abras los ojos... y mires tu mano... focalizas la atención sólo en la palma de tu mano... manteniendo la misma sensación que tú tienes justo ahora... recuerda, abrir los ojos al llegar al seis y mirar la palma de la mano... bien voy contando, 1... 2... y cuando mires tu mano puede que la sientas más ligera o adormecida... 3... 4... y tal vez como atraída por un potente imán se vaya acercando hacia tus ojos... 5... y 6...

Abre los ojos y mira tu mano... miras fijamente tu mano... y siente cómo tu mano se vuelve más ligera... como una pluma flotando ligera, flotando... ligera... se va acercando hacia tus ojos cada vez más cansados y pesados... y al exhalar y a medida que la mano se acerca a tus ojos... se van cerrando lentamente, pesados... muy pesados y cansados...

Y con la próxima exhalación cierras los párpados... siente y percibe tus ojos detrás de los parpados cerrados y pesados... y llegas a estar dos veces más relajado/a y más hipnotizado/a que lo estás ahora... de tal manera que... fácilmente notas la diferencia de temperatura entre tu brazo derecho y tu brazo izquierdo...

Así experimentas un elevado grado de control para hipnotizarte profundamente... calmado... pesado y abandonado... tu cuerpo se hunde pesadamente... abandonado... los párpados cerrados y sellados... como si echaras el telón delante de ti y te refugiaras en una agradable penumbra... le vas entregando todo el peso del cuerpo al sillón y al suelo... este confortable sillón recoge todo el peso del cuerpo... lo recoge incondicionalmente y no te pide nada a cambio... exhalando te hundes más y más... el cuerpo se hunde y profundizas en tu nivel de trance... calmado/a... seguro/a y con control... experimentas tu propia forma de entrar en hipnosis... es tu experiencia particular... accediendo a un nivel profundo de tu mente inconsciente... seguro/a y capaz... tu mente lúcida, despierta, se expande... en control... lúcida y capaz... y cuando lo percibas, me harás una señal con la mano más relajada o más liviana...

Bien... quiero que sepas que este trabajo psicológico con tu niño/a interior requiere por tu parte valor y honestidad contigo mismo/a...

Y, sobre todo... requiere por tu parte... un deseo de examinarte verdaderamente... sin justificar ni condenar nada... debes explorar sin prejuicios... sin sentimientos de culpabilidad... sin ideas o juicios a priori elaborados... no debes permitir concesiones de ningún tipo...

Ya sé que lo que te pido sólo es posible para personas serias... maduras y con un buen juicio interior y necesidad de autoconocimiento y desarrollo personal... creo que si lo realizas... esta actividad vale con creces el esfuerzo que cuesta... explorar una y otra vez... inventariar todo lo que contiene ese banco de datos de tu memoria... es decir, los contenidos de tu inconsciente... requiere de un gran esfuerzo por tu parte... y sobre todo... de una práctica regular... día a día... semana tras semana...

Quien busca varitas mágicas... fórmulas de solución rápida... mejor que no se someta a esta psicoterapia... que no comience esta exploración... que no pierda su tiempo ni su dinero... y que no me haga perder el tiempo a mí... sólo trabajo en esta exploración con el abordaje hipnótico con personas serias y comprometidas con su proceso de autoconocimiento y desarrollo personal...

Sí, a través del niño/a interior encuentras tu verdadero espíritu...

Para quienes han crecido en el seno de familias disfuncionales... ése es el camino hacia la cordura...

Y así... ahora date permiso para relajarte un poquito más... y vas llevando la atención suavemente... a los puntos de apoyo de tu cuerpo sobre el sillón... empezando por la nuca... aflójala... luego bajas por los hombros... espalda y poco a poco... lentamente... sientes los glúteos... piernas... brazos y dedos de los pies... así a medida que el cuerpo se va relajando... le vas entregando todo el peso del cuerpo al sillón y al suelo... flojo y abandonado... el sillón recoge todas las tensiones residuales... todo malestar y todo problema o ansiedad con el que has decidido acabar... es el momento de soltar lastre... de fluir libre... en tu cuerpo... libre en tu mente y en tu respiración... flotando libre de todo eso que ya no necesitas mantener...

El sillón recoge... como unos brazos amorosos todo el peso del cuerpo... como unos brazos fuertes y amorosos que te acunan meciendo... sanando y transmitiendo paz... amor y aceptación incondicional... seguro/a y a salvo... ahora simplemente descansa...

Y así, podemos confiar en nosotros/as mismos/as... y también abrirnos a los demás... es muy difícil para quienes proceden de hogares disfuncionales... pero tú ahora inicias un viaje interior... una vuelta al centro de tu ser interior profundo... hacia tu propio yo, que debe ser curado y sanado en esas partes más jóvenes... esos otros 'yoes' de tu niñez... gracias a este proceso... a esta exploración con tu niño/a interior... puedes reconstruir el recto sentido paternal/maternal necesario para suscitar la curación y sanación que necesitas ahora... tu yo adulto ha logrado sobrevivir a todo eso... ahora sabes y puedes más...

De tal manera que podemos recordar a Milton Erickson cuando decía que el inconsciente representa lo más central de cada persona...

Para este eminente psiquiatra la tarea de cualquier terapeuta consiste en disponer las condiciones que fomenten y faciliten la emergencia de ese inconsciente, en calidad de fuente de recursos y creatividad... habilidades y conocimientos en estado potencial que desarrollados y utilizados en el contexto apropiado... pueden operar de un modo autónomo, inteligente y creativo de soluciones y nuevas ideas que permitan alcanzar el objetivo y el logro de nuevas capacidades...

Así tal vez tú hoy... o más tarde, más adelante... descubras que potencialmente tienes almacenadas en tu inconsciente todos los recursos y habilidades que necesitas para transformar tu experiencia...

Y quizá tú ahora puedas ver o imaginar... dejando libre tu imaginación... por ejemplo: ahora te invito a que hagas un viaje a un lugar mágico dentro de ti... quiero que viajes hacia un lugar que percibes como el centro de tu ser... un espacio dentro, profundo... ese lugar es pacífico y tranquilo... donde las perturbaciones y problemas de la vida exterior no pueden llegar... ahí puedes sentirse a salvo y tranquilo/a... y cuando estás en ese lugar puedes experimentar una sensación de control y serenidad... una sensación de reencuentro contigo mismo/a... será como conectar con la parte más vulnerable... más necesitada de una atención y cuidado especial... quizá conectes ahora con tu niño/a interior de dos añitos... con esa parte vulnerable y necesitada de cinco o quizá doce o trece años... simplemente déjate llevar... pero ese reencuentro tiene algo de particular, sea cual sea la experiencia o el contacto con cualquiera de las partes... será en un centro o lugar dentro, muy dentro de ti... donde es posible sentirte a salvo y seguro... donde puedes separar fácilmente las emociones de las imágenes, de cualquier recuerdo o evento del pasado... especialmente si es un recuerdo triste o desagradable de recordar ahora... ese contacto y ese tiempo lo puedes dedicar a darle a tu yo más joven aquello que necesita, aquello que sea más apropiado para curar y sanar viejas heridas o miedos del pasado, para verte libre de todo eso en el presente...

XIII

PSICOTERAPIA EN HIPNOSIS

Consciente e inconsciente

En toda investigación psicológica, a veces, nos quedamos asombrados al ver cómo pueden interactuar la mente consciente y la mente inconsciente, la una aparentemente sin la intervención consciente de la otra.

Como si dentro de nosotros/as habitaran dos personalidades distintas y cada una de ellas tuviera sus propios intereses, que a veces coinciden y otras muchas no.

Con la mente consciente pensamos y decimos una cosa, nos proponemos un objetivo, y luego con la parte inconsciente (que no ha sido consultada) deseamos y hacemos finalmente otra cosa diferente.

En psicoterapia se constata, por ejemplo, que desde el inconsciente se dan respuestas, o surgen soluciones, o descubrimos habilidades que aparentemente están fuera del control y conocimiento de la mente consciente.

Esto en terapia tiene un valor inestimable y el terapeuta debe manejarlo con habilidad y presteza para extraerle todo su potencial.

En psicología profunda (psicodinámica) se enseña que, por lo general, existe una parte olvidada (amnesia) que es el origen o causa respecto de los problemas psicológicos y hasta somáticos que aquejan el presente adulto de la persona que demanda ayuda.

En esa fuente original del problema estaría la respuesta de la neurosis, en lo reprimido y no aceptado por el consciente. También se suele definir la neurosis comoel fraccionamiento de la conciencia.

Por lo tanto, el terapeuta necesita ir recibiendo información de esa parte dinámica reprimida.

Cuando se trabaja con respuestas ideo–motoras, se va desvelando parte del material inconsciente relativamente de manera más rápida que en el proceso más tradicional del psicoanálisis.

Además, como estamos trabajando en hipnosis y con cierto acceso y control a las motivaciones y respuestas del inconsciente, el cliente despierta su expectativa al ver que tiene el control del proceso en sus manos.

No es un simple objeto a merced de los planteamientos y directrices del profesional.

Es el mismo sujeto que sufre su problema el que ve que se le está capacitando para manejar su propio cerebro y que, si dentro (a nivel inconsciente) tiene el problema, también dentro está la solución que él vislumbra y maneja bajo la dirección o guía del terapeuta.

El cliente ya no es un sujeto pasivo, es activo y dinámico en la búsqueda de soluciones prácticas.

La idea central y básica es ver si podemos trabajar en psicoterapia simultáneamente con el consciente y con el inconsciente.

Como ocurre casi siempre, estos métodos son muy antiguos, siempre se han utilizado y nadie ha descubierto nada nuevo, ni original.

No me canso de repetirlo: rituales y meditaciones místicas, danzas aborígenes, rituales e ingesta del peyote o la ayahuasca, chamanes, ayunos prolongados y otro tipo de prácticas ascéticas de los yoghis persiguen precisamente esa disociación entre consciente e inconsciente para acceder a otros recursos, conocimientos, visiones y soluciones para resolver enfermedades, trastornos psicológicos, posesiones, conexiones con espíritus de fallecidos, etcétera.

La búsqueda y conexión con los dioses, con el dios bíblico y cualquier otra deidad o identidad espiritual de cualquier religión primitiva o moderna, en el fondo es un viaje al inconsciente, bien sea al personal o, tal como indicó Jung, al Inconsciente Colectivo: archivo o almacén que contiene la experiencia de toda la humanidad en forma de arquetipos.

Hipnosis y estudios clínicos

Más cercano en el tiempo fue Chevreult, con sus investigaciones acerca del reflejo condicionado, quien creó una base científica para el uso clínico en hipnosis de estas respuestas ideo–motoras.

Y fueron precisamente los científicos (James Braid, 'padre' del nombre de Hypnos relacionado con el trance, y también Bernheim) quienes, a través de sus investigaciones y prácticas, enunciaron que, en esencia, la sugestión y el trance hipnótico son respuestas ideo–motoras e ideo–sensoriales.

Por lo tanto, vemos que trabajar en psicoterapia, creando en la persona respuestas ideo–dinámicas, es un procedimiento esencialmente práctico a través del cual se pueden desvelar contenidos reprimidos o censurados por la conciencia, que a través de estas respuestas, no obstante, pueden aflorar con relativa facilidad y rapidez.

Así se va liberando los sentimientos de angustia y ansiedad relacionados con ellos.

Cuando la conciencia moral de la persona no acepta o no quiere reconocer la causa de su problema psicológico o psicosomático, que ha reprimido al punto de no ser conscientes de las causas subyacentes, los métodos ideo–dinámicos permiten que conjuntamente, terapeuta y cliente, puedan controlar el proceso. Así se facilita el nivel de disociación apropiado para ver cómo emergen contenidos traumáticos o no aceptados, provocando un grado de distanciamiento (viéndolo fuera de sí, como en una pantalla de cine) que permite manejar las emociones y llegar a una catarsis satisfactoria.

La respuesta ideo–dinámica (motora) nos permite acceder rápidamente a informaciones ocultas que no están, por lo general, disponibles a un nivel consciente a través de lenguaje verbal.

Al ser búsqueda y respuesta inconscientes, la persona en trance puede desprogramar y volver a reprogramar eficazmente su problemática expresándolo con la respuesta ideo–dinámica, sin freno de censuras morales o resistencias psicológicas de ninguna especie.

En este asunto debemos de tener en cuenta que puede haber traumas ocurridos antes o después del nacimiento, es decir, experiencias vividas en el vientre materno durante la gestación que pueden estar en el origen de algunos conflictos de difícil solución, a los que tanto cuesta acceder.

Además es el sistema límbico el que está implicado en muchos de estos contenidos, ya que es una de las primeras estructuras del cerebro en formarse.

La psicoterapia deberá llevar un proceso tal vez más largo en duración que otros, hay que revisar constantemente el proceso, cómo se desarrolla secuencialmente, revisar el origen de la experiencia original, hasta conseguir que desaparezca la amnesia traumática.

Entre otros, fue Milton Erickson uno de los pioneros de la moderna psicoterapia en realizar estas exploraciones con el método permisivo e ideo–dinámico, con el objetivo de la eliminación de las barreras emocionales que impiden una liberación de conflictos, ya que muchas veces los pacientes pueden inventarse cosas que enmascaran o evaden el verdadero conflicto.

Este tipo de trance hipnótico y desde este enfoque permite al cliente mantener un estado de receptividad, tranquilidad y control, de tal manera que puede reasociar y reorganizar sus estructuras psicológicas internas.

Además, descubre que puede utilizar sus recursos y potencialidades inconscientes.

Todo ello puesto al servicio de la conciencia y en perfecta armonía con su experiencia personal.

Autoexploración: sé tu propio consejero

Modelado libre de: Roger P. Aller (Guiones y estrategias en hipnoterapia, Edit. Biblioteca de psicología), Francois J.Paul Cavallier (Edit. Los libros del comienzo), Joseph O'connor y John Seymour (Introducción a la Programación Neurolingüística) y Bandler y Grinder (Trance Formate, Edit. Urano).

Bien... ahora le hablo sólo a tu mente inconsciente... vas dejando que tu mente racional duerma plácidamente... ahora no la necesitas para nada... tu inconsciente es mucho más sabio y más creativo... tiene los recursos que tú necesitas para cambiar positivamente tu vida... el poder para realizar cambios en tu vida está dormido en tu inconsciente... y ahora lo vas a despertar...

Ahora piénsalo antes de responder... deseas realmente realizar cambios en tu vida... sabes realmente qué tipo de cambios... deseas realmente despertar ese poder... (verbal o RIM)

Contemplar introspectivamente las experiencias pasadas e interpretar la propia conducta... las palabras y los sentimientos... puede aportar nuevos conocimientos y una mayor comprensión de uno mismo/a... y éste sería uno de los objetivos más valiosos a los que puedes orientar todo lo que estás aprendiendo en este gabinete...

Deseas realmente revisar las experiencias pasadas... deseas realmente interpretar tu conducta... palabras y sentimientos... deseas adquirir una mayor comprensión de ti mismo... (verbal o RIM)

Muy bien... ahora a cada nueva exhalación... te relajas y aflojas un poco más... es muy fácil... déjate llevar... exhalar y vas aflojando el cuerpo... exhalar y aflojas la cabeza... exhalar y aflojas la mandíbula... la lengua relajada... cae a la base de la boca... muy bien... sigue exhalando y relajando parte por parte tu cuerpo... procura que no quede ningún músculo en tensión... hombros flojos... brazos y manos flojos... sueltos y abandonados... muy relajados...

Y así... poco a poco... relajas la espalda... es muy fácil... exhalar y la espalda se hunde suelta y abandonada... se hunde plácidamente en el respaldo del sillón... tú déjate llevar... así... muy bien... exhalar y aflojar el cuerpo...

Bien... durante el proceso de autoexploración... tal vez sientas la necesidad de desahogar ciertas emociones o sentimientos reprimidos... esta liberación de emociones se llama CATARSIS... puede tratarse de una tensión emocional que quizá no habías notado antes... es posible que hayas tenido consciencia de un sentimiento determinado... pero no de su profundidad ni magnitud...

¿Realmente deseas desahogar emociones reprimidas? (verbal o RIM)

Es muy normal que ahora... a medida que profundizas en el trance hipnótico... tomes contacto con la tristeza... la rabia... la frustración... o el resentimiento... esto es lo que ocurre cuando se comienza a mirar atentamente el propio interior... la catarsis puede ser una experiencia muy saludable... muy liberadora...

¿Deseas realmente tomar contacto con tu tristeza... rabia... frustración o resentimiento...? (verbal o RIM)

Ahora bien... si tú observas reacciones demasiado fuertes... en tus sentimientos... o te resulta difícil controlarlos... eso puede ser señal de que estás realizando un trabajo de limpieza profundo y positivo... en todo caso... déjate llevar por mi voz... te sientes en calma... protegido/a... así poco a poco mi voz te guía... y a cada exhalación... te hundes más y más en tu universo de paz y calma interior...

¿Deseas realmente hacer esa limpieza interna...? (verbal RIM)

Así lo puedes ver todo... por muy fuerte que sea... desde la distancia... tú ahora aquí... recordando lo que pasó allí... eso es pasado... es como verlo fuera de ti... en una pantalla de cine... a varios metros de distancia... disociado...

Muy bien... le sigo hablando al poder creador de tu mente inconsciente... esa parte dirige realmente todo el proceso... y hará que recuerdes sólo lo que ahora sea necesario que veas... lo demás lo aplazamos para otro momento... hay muchas maneras posibles de desahogar y expresar las emociones reprimidas que acaban de aflorar... a veces se experimentan ciertas molestias para conseguir un bienestar después... eso forma parte del proceso de limpieza...

¿Sabes realmente de qué quieres limpiarte mental o emocionalmente? (verbal o RIM)

Bien... sigue así... relajando y aflojando más y más tu cuerpo... muchas veces un cambio va a producir algo de inquietud... dolor o pesar... pero eso es positivo... porque avanzas hacia una nueva experiencia de serenidad y madurez...

¿Deseas formarte una imagen mental viéndote a ti mismo/a sereno/a y en paz...? si es así... deja que aparezca una imagen grata a los ojos de tu mente... (verbal RIM)

Y ahora... afloja un poco más la cabeza... suelta... floja... abandonada... se hunde plácidamente sobre el respaldo del sillón... como si quisieras dejar la huella en el respaldo del sillón... y todo resulta agradable... placentero... te adormeces y profundizas más... hacia lo más profundo de tu inconsciente... al encuentro con esa parte tuya sabia... creativa y capaz de cambiar tu vida... y mi voz te acompaña... descansa... paz... mucha paz...

¿Realmente deseas cambiar tu vida... o solamente alguna área específica? (verbal o RIM)

Quiero que sepas que hay personas para las cuales... llorar de vez en cuando... es un modo de liberar emociones reprimidas recién descubiertas... así se van liberando del efecto dañino al tenerlas reprimidas... esto puede suceder mientras estás en trance... o más tarde... eso está muy bien... llorar es una manera de desahogar tensiones... liberarlas... dejarlas marchar y ver qué hay en el fondo de todo eso...

¿Deseas realmente llorar... o liberar cualquier otra emoción? (verbal o RIM)

Quiero decirte algo muy importante... dejas marchar la emoción... o el sentimiento... una vez que lo hayas dejado aflorar a la superficie... imagínate la emoción como una maleta o paquete que colocas en un camión que pasa... un tren... un barco que se aleja...

Bien ahora quiero que hagas lo siguiente... reconoce o experimenta sólo el sentimiento... y después colócalo en el pasado... libérate de él...

Así... podría ser que la liberación ocurriera después... fuera del trance... eso también puede suceder y estará bien... todo este proceso realmente... lo dirige tu inconsciente... y hará lo que ahora sea más positivo para tu proceso de cambio personal...

A continuación... permite que te oriente un poco acerca de cómo realizar esta autoexploración... es muy sencillo... tú sólo escucha y déjate guiar por mi voz...

A partir de hoy... quizá puedas reservarte una noche en que puedas estar sólo... para afrontar los sentimientos que has tenido encerrados dentro... o tal vez escoger un día en que puedas dar un largo paseo y hablar contigo mismo... acerca de las emociones... de los sentimientos... y tal vez podrías volver a experimentarlos en esos momentos...

¿Deseas realmente realizar este proceso? (verbal o RIM)

Puedes hacerte la sugestión... siempre durante el trance... de que cuando das tu paseo... cada paso que realizas es una señal para avanzar un paso más hacia el cambio... y así dejas aflorar la rabia... el resentimiento... la desilusión... la tristeza... o la emoción que sea...

¿Deseas realmente que aflore tu rabia... tristeza... desilusión? (verbal o RIM)

Ahora bien... si tus emociones están relacionadas con los actos o comportamiento de otra persona... puedes imaginarte expresándole con toda franqueza tus sentimientos a esa persona...

¿Deseas realmente expresar libremente tus sentimientos a esa persona? (verbal o RIM)

Bueno... ahora abandónate un poco más... afloja todo el cuerpo... y déjate llevar al fondo... desde el cuello hacia abajo... deja que tu cuerpo descanse y duerma plácidamente... pesado... como el plomo... dormido y abandonado... es como si fueras una mente o espíritu... flotando como el humo... y el cuerpo abajo se hunde... y tú flotas... el cuerpo duerme... se hunde más y más pesado como el plomo... pero tu mente flota en el espacio... y profundizas más y más en el trance hipnótico... éste es tu nivel de trance... lo disfrutas... desde este estado ves las cosas diferentes... tienes otra visión... otra forma de encontrar soluciones...

Tal vez en el pasado solías imaginar que hablabas con un amigo/a... acerca de tus sentimientos o problemas.. como una caja de resonancia... quizá ahora te apetezca hacerlo de nuevo... comprueba lo eficaz que puede resultar a veces... hablar con ese amigo/a imaginario/a... y cuéntale lo que te ocurre... y vas dejando que poco a poco... tus sentimientos y emociones... y tus frustraciones vayan saliendo y liberándose...

Ahora medita un poco... ¿realmente deseas saber lo que verdaderamente piensa ese amigo/a... estás dispuesto a escuchar la opinión de ese amigo/a que en el fondo es tu propia consciencia profunda? (verbal o RIM)

Otra cosa que posiblemente tengas ganas de hacer a partir de hoy... es llevar una especie de diario para dar salida a las emociones... allí día a día... al terminar cada jornada... en la intimidad de tu habitación... o lugar que elijas... irás anotando tus sentimientos... emociones... palabras y actos ejecutados durante el día... lo que te ha pasado... cómo lo has afrontado... qué has hecho... así en ese diario... irás viendo cómo transcurre tu vida... si el día ha triunfado sobre ti... o tú has triunfado sobre el día... esto te irá enriqueciendo y aprenderás a dar cambios positivos a tu vida...

¿Realmente estás dispuesto a llevar ese diario? ¿Consideras importante este seguimiento de tu vida diaria? (verbal o RIM)

Hay gente que realiza un método muy efectivo... tal vez tú lo hagas también... y es escribir cartas a las personas implicadas en tus emociones o problemas... quizá se te ocurra comenzar la carta más o menos así...

"Querida mamá... o Querido hijo..."

O la persona que sea... en la carta puedes expresar los sentimientos que necesiten ser expresados... sin omitir nada... puedes decirle exactamente a tu madre... padre... hermana... ex novia... mujer... o jefe... lo que sentiste pero no pudiste expresar en su momento....

¿Deseas realmente escribir esas cartas? (verbal o RIM)

Y otra cosa que quizá se te ocurra hacer... es releer la carta pasados unos días... después de haberla escrito... luego sencillamente puedes romperla... o quemarla... si lo haces así... decides liberarte con ese acto de la rabia... culpa... o el dolor... o cualquier otra emoción que te hayas impedido sentir hasta el momento...

Claro que también puedes enviar la carta... envíes o no la carta... te has quitado un buen peso de encima... tal vez te convenga escribir la carta cuando estés en trance autohipnótico... por ejemplo... después de escuchar esta grabación en tu casa cualquier día de estos...

¿Sabes realmente qué ganas al liberarte de la rabia? (verbal o RIM)

Muy bien... ahora descansa y abandónate más y más... y así llevas la atención a los puntos de apoyo... nuca... espalda... hombros... omóplatos... parte baja de la espalda... zona lumbar floja... glúteos... muslos sueltos... piernas relajadas... siente justo el punto donde descansan tus pies... y relajas los dedos de los pies...

Muy bien... sigo hablando a tu inconsciente que es mucho más listo que tu consciente... tu mente racional no ha sabido resolver los problemas que te han traído a este gabinete... pero tu mente inconsciente tiene recursos y sabiduría suficiente para hacer que logres resolver tus conflictos...

Quiero que sepas que es la acción que nace de los conocimientos y la autoexploración lo que crea los cambios... debes poner en práctica todo lo que estás aprendiendo hoy aquí... esta acción la dirige tu inconsciente... lo mismo que hacer una profunda y satisfactoria respiración... el cambio está orientado hacia conseguir un mayor equilibrio... un estado centrado...

Aprende a aceptarte a ti mismo/a... acepta tu pasado... aún cuando estés sufriendo... estés triste o te sientas solo/a... debes estar preparado/a para avanzar... para cambiar a partir de este punto... a partir de hoy... no niegues tu realidad presente... mírala cara a cara... y ve qué puedes aprender de ella... si caes... levántate con auxilio del mismo suelo... valora todo lo bueno... los recursos y experiencia del presente... utilízalos para seguir caminando hacia tu meta...

¿Realmente sabes cuál es tu meta? ¿Realmente valoras los recursos que tienes en el presente? (verbal o RIM)

Bien... sigue respirando lenta y profundamente... y a cada exhalación... te hundes más y más... relax y descanso... abandono total... quiero que sepas que la aceptación te permite cambiar... acaba con el conflicto interno... mientras estés luchando contra una parte de ti mismo/a... impides el cambio... en realidad... el propio acto de aceptarte a ti mismo/a... significa el comienzo del cambio...

¿Realmente sabes para qué luchas contigo mismo/a? ¿Sabes qué partes están en lucha dentro de ti mismo/a? (verbal o RIM)

Muy bien... debes tratar con sensibilidad y comprensión a esas partes tuyas que deseas cambiar... como lo harías con un amigo/a o un familiar que necesitara consuelo y ayuda... ahora te ofreces a ti mismo/a esa amabilidad y ternura... te das un amoroso abrazo y te reconcilias contigo mismo/a...

¿Realmente qué sientes al darte ese abrazo a ti mismo/a?... (verbal o RIM)

En todo caso... quiero que sepas que todo hábito o pauta de comportamiento que tú tengas... y por negativo que sea... repito... por negativo y dañino que sea... tiene una intencionalidad positiva... quiero que lo entiendas... tal vez tu mente racional no lo sepa... o no lo crea... tal vez no lo comprenda ahora... pero siempre hay una parte dentro de ti... responsable del hábito o conducta... y esa parte... genera esa conducta... para protegerte... para conseguir algo... o satisfacer algo...

Por lo tanto... ahora vete hacia dentro de ti... conecta con la parte responsable de esa conducta... y pregúntale qué consigue al hacerte actuar así... o qué satisface cuando actúas así... o pregúntale si intenta protegerte de algo... y cuando te lo diga... dale las gracias... y pídele perdón por no haberlo tenido en cuenta hasta ahora...

Bien y a partir de ahora... te sugiero comenzar por cambios pequeños... cuando contemples el pasado... podrás comprobar que no adquiriste tu actual comportamiento de la noche a la mañana... fíjate objetivos razonables...

Tienes que darte el tiempo suficiente para conseguirlos...

El tiempo que dedicas a este proceso con la autohipnosis... es como una inversión... con cada sesión de trance haces una inversión para el futuro... cuanto más deposites... mayor será el beneficio... todo es ganancia cuando inviertes en ti mismo/a...

¿Realmente deseas seguir invirtiendo en el proceso de cambio interior? (verbal o RIM)

Con las técnicas de autoexploración que estás aprendiendo... puedes crearte la perspectiva para resolver dificultades que tal vez se presenten... puedes desconectar interferencias mentales... y eliminar obstáculos internos para el cambio..

¿Realmente deseas resolver esas dificultades futuras? ¿Cómo te imaginas resolviéndolas? (verbal o RIM)

Luego... cuando hayas terminado... sólo tienes que contar hasta diez... y con una profunda respiración... abres los ojos... descansado/a y en paz... y mirando todo con una mirada nueva...

"La gente tiene problemas por las limitaciones aprendidas en la infancia. El objeto del trance es relajar estas limitaciones de los marcos de referencia usuales para permitir que la vasta reserva de potencialidades pueda operar".

Milton Erickson

Todos nosotros/as debemos pasar por una serie de etapas de desarrollo.

Sobre la psicoterapia como arte

La psicoterapia, derivada de un saber hacer (método) y no de la ciencia psicológica, puede, no obstante, contribuir al avance de ésta última como producto de una forma de razonamiento.

La experiencia psicoterapéutica va dejando en el psicoterapeuta un saber que podrá en parte formalizar en teorías y, posteriormente, someter a los métodos de la psicología para proceder a su corroboración o falsación.

Sin embargo, la psicoterapia como tal continuará más allá de la Psicología, aunque la enriquezca con su saber, o bien para decirlo en forma clásica, con su saber acerca de ese mundo interior en el que, según los mitos antiguos, moran las almas de los humanos.

Durante una sesión en la que se esté usando hipnosis como técnica facilitadora del proceso terapéutico, puede ser de utilidad guiar a la persona hacia algún momento de su vida en el que se percibe que hay recuerdos poco claros, confusos, dolorosos o que de alguna manera están ayudando a mantener un problema actual, y por ello se encuentran apartados de la conciencia, o porque sean recuerdos pobres y imitados.

Una de las ventajas que aporta la hipnosis para acceder a los recuerdos es procurar a la persona un entorno mental de relajación y bienestar, que le ayuda a poder centrarse y destinar tiempo a recordar, o bien percibir como menos lesivos o amenazantes aquellos posibles sucesos que se están tratando de recuperar, o simplemente afrontar ya que se recuerdan con precisión.

No es, por tanto, una herramienta que los instaura, sino una forma de facilitar que sean recuperados o afrontados con mayor madurez o seguridad, ya que la persona tiene ahora unas capacidades de afrontamiento de las que carecía antes de la terapia psicológica.

Resistencias en psicoterapia

Cada vez que alguien pretende llevar a cabo un viaje, un proyecto o tarea, sea esta de tipo social, laboral o cambio de hábitos o conductas, debe tener en cuenta que en algún momento del proceso encontrará alguna dificultad, alguna resistencia.

De acuerdo a la teoría psicoanalítica de Sigmund Freud, la llamada resistencia es algo que debe suceder siempre en todo proceso terapéutico.

Es algo que pertenece a las defensas que inconscientemente el individuo levanta como un mecanismo protector ante la situación provocadora de ansiedad y culpabilidad.

Toda resistencia, hábito o conducta, por negativa y hasta perjudicial que resulte, incluso dañina para la salud, tiene una parte responsable cuya intencionalidad es siempre positiva para nosotros/as: intenta curarnos, sanarnos, protegernos de algo, que no corramos riesgos, protegernos.

Coloquialmente diríamos que "puede equivocarse en la forma, más no en el fondo".

Este es un aspecto importante a explorar cuando surge en el proceso terapéutico. Se puede trabajar directamente o indirectamente, tal y como la escuela Ericksoniana lo hace.

Métodos indirectos, el uso de las metáforas apropiadas, sugestiones dirigidas a sortear o superar esas resistencias, técnicas de confusión, etcétera y, de manera directa, se debe proporcionar un programa de técnicas para entrenarse en autohipnosis.

La desmitificación de lo que es verdaderamente la hipnosis, puede ayudar a superar dichas resistencias y utilizarlas como ayuda en el proceso que seguimos, "lo que antes puede ser una barrera ahora se transforma en una parte que colabora".

Un caso concreto

Durante una sesión en estado hipnótico, la persona hipnotizada es invitada a proyectarse en su imaginación a un lugar en contacto con la naturaleza, se le pide que visualice o imagine un puente como metáfora del proceso en que está comprometida.

A la entrada debe verse en su estado actual, al otro lado o final del puente, debe imaginarse, sentirse en su estado deseado.

En un momento dado, sugiero que retroceda en el tiempo con la ayuda de su mente inconsciente, a alguna etapa o experiencia de su vida donde gozaba de buena salud, tranquilidad, éxito, ilusiones, etcétera.

De repente, se ve estancada (en su imaginación) en la mitad del puente, como bloqueada (resistencia a retroceder al pasado): las lágrimas surcan su rostro, tristeza y cierta ansiedad. "No quiero retroceder, no quiero volver a…".

Invito a la persona a que salga de la situación, que se disocie, como si flotara y, desde una panorámica exterior, se vea allí en el puente…

Sale del trance y conversamos sobre la situación, la resistencia, su naturaleza, etcétera.

Vuelve a entrar en trance y esta vez utilizo una visualización metafórica para que se enfrente a esa situación causante de la resistencia a recordar episodios del pasado.

La hoja del árbol

Bien, ahora te trasladas en tu imaginación a un lugar en contacto con la naturaleza… entra en ese escenario de colores, aromas, sensaciones…

Date permiso para sentir la brisa… escuchar ese suave soplo del viento que mece las verdes hojas de los árboles… escucha el trinar de los pájaros que te transmiten su canto de eternidad… y escuchas el rumor del agua que corre… agua fresca y cristalina… tal vez proviene de una fuente que mana de la roca viva… quizá un manantial o un riachuelo…

Miras a tu alrededor y ves una hoja caída de un árbol… una hoja grande… mira su forma… su color verde algo amarillenta… la recoges y la sientes en tu mano… entre tus dedos, su textura… incluso la hueles…

Y quiero que hagas ahora algo especial… escúchame atentamente… quiero que escribas en esa hoja algo que te moleste por dentro… algo de lo cual quieras liberarte porque condiciona áreas de tu vida...

Piénsalo bien y elige algo que realmente te duela todavía y desearías sentirte libre para siempre... escríbelo en esa hoja... como si lo sacaras fuera y observa qué sucede...

¿Qué sentimiento, pensamiento o emoción aflora al verlo fuera, escrito en esa hoja...?

Bien y ahora mira a tu alrededor y encuentra un lugar cerca del agua, donde la tierra esté más húmeda y puedas cavar con tus propias manos un agujero... lo suficientemente grande y ancho como para meter esa hoja, esos pensamientos, esos sentimientos y hasta las sensaciones físicas...

(Tiempo)

Sé consciente de cómo entierras esa hoja dentro del agujero... tal vez percibas el olor característico de la tierra negra y húmeda que has removido con tus propias manos... el rumor del agua... tal vez los sonidos de ese lugar, de esa naturaleza... como si tú formaras parte de esa naturaleza y ella de ti...

Ahora cubres la hoja, rellena el agujero con la misma tierra que antes has removido...

Y si ves una piedra o roca grande cerca... ponla encima de la tierra...

Sé consciente de que la hoja se disolverá dentro de la madre tierra... se convertirá en pura materia o energía transformada... la hoja desaparece y con ella todos esos sentimientos, recuerdos, todo eso que has escrito y te verás libre del peso del pasado...

Tan sólo deja que ocurra como el proceso de disolución natural de esa hoja...

Busca un lugar donde sentarte y descansar... apoyando tu espalda sobre el tronco fuerte y poderoso de un árbol...

Inhalando el oxígeno que desprenden sus verdes hojas... exhalando las tensiones residuales... libre... en tu cuerpo... en tu mente... respirando... exhalando curando... sanando...

El modelo se adapta a las necesidades y contenidos verbales o no verbales del cliente.

Después, la salida del trance, evaluación y recogida de información.

Como el profesional habrá observado, esta metáfora es una manera indirecta de resolver la resistencia y liberarse del lastre del pasado.

La exploración posterior verbal, entre terapeuta y cliente, determinará cómo debe continuar el proceso.

Simbología del dolor

En los últimos tiempos, a los profesionales clínicos dentro del campo de la hipnosis les gusta dividir los métodos de inducción en dos categorías: los llamados métodos formales o tradicionales. La hipnosis clásica o formal y ese conjunto de métodos de inducción llamados ericksonianos o naturalistas.

Con el tiempo y la práctica el profesional sabrá cuándo utilizar uno u otro de estos sistemas, y cómo combinarlos para potenciar y amplificar los efectos de ambos.

Otras veces, es el mismo problema el que servirá para producir la hipnosis.

Sucede a veces, por ejemplo en personas operadas de cáncer, que están recibiendo ayuda complementaria con las inducciones hipnóticas y visualizaciones curativas, que el dolor, la angustia y el cuadro de ansiedad que presentan en un momento dado es tan intenso que les resulta prácticamente imposible inducir una relajación clásica.

La angustia y el dolor contrae de tal manera su cuerpo o zona enferma que es muy difícil disociarle para que se concentre en las imágenes que le son sugeridas.

Veamos un ejercicio simple pero de gran efectividad que a veces resulta un efectivo analgésico.

Particularmente he tenido la oportunidad de emplearlo con clientes con algún problema tumoral, cáncer detectado pero sin operar.

La mayoría de las veces operados y en tratamiento de quimioterapia o radioterapia.

El siguiente caso abreviado es muy significativo de cómo se puede inducir al trance hipnótico a una persona operada de un tumor en el cuello y que en esos momentos sufre un tremendo dolor.

Ahora mira atentamente la palma de mi mano...

La mano se sitúa por encima del nivel de su mirada a unos 20 centímetros de tal manera que tenga que mirar hacia arriba.

Y toma conciencia de la posición de tu cuerpo en el espacio...

Y ahora, sin dejar de mirar la palma de mi mano, percibes simultáneamente todo lo que te rodea... sintiendo el suelo firme bajo tus pies... dejando caer todo el peso del cuerpo sobre el sillón...

Quiero que te concentres en esa zona dolorida... quiero que te disocies de todo y sólo sientas el dolor... ahora cierras los ojos como si echaras el telón delante de ti orientándote en tu interior...

Sigue concentrando la atención en la parte del cuerpo que sientas el dolor... cada palabra que yo te digo hace que tu nivel de concentración sea más y más intenso... entra en contacto con la percepción que tú tienes de ese dolor...

Ahora te formularé preguntas, no las racionalices y contesta lo primero que te venga a la mente...

Si ese dolor fuera un color, ¿qué color sería?

Si tuviera una forma, ¿cuál sería, animal o humano o tal vez otra forma?

Si fuera un peso, ¿cuánto te pesa, kilos, gramos o toneladas?

Si pudieras tocarlo, ¿qué consistencia tiene? ¿Es blando, duro, rugoso, suave? ¿Cuál es su temperatura? ¿Caliente, tibio, frío?

Bien y ahora, mentalmente entra en ese dolor... conoces su consistencia, su textura, su temperatura... ahora dime, ¿si fuera un sonido, cómo sería? ¿Agradable, desagradable?

Y si fuera una voz, ¿qué te estaría diciendo?

¿Cuál es su tamaño, metros, centímetros?

¿Tiene movimiento o es algo quieto?

Bien, ahora que le has dado corporeidad, imagina que está enfrente de ti, pregúntale: ¿Qué buscas en mí? ¿Para qué te manifiestas en mí? ¿Quién eres? ¿Cómo te llamas?

Formula todas las preguntas que necesites... aguarda sus respuestas...

El resto de las sugerencias que se realizan al cliente depende de las respuestas que él/ell vaya obteniendo de esa zona dolorida. Observemos cómo, poco a poco, se ha ido disociando del dolor en sí mismo al tener que trasferirlo al color, peso, etcétera. Y, por último, se le ha pedido que lo vea fuera, esto es, ya no lo siente en el cuerpo, lo percibe fuera, enfrente de él/ella. Se puede terminar el ejercicio con una visualización pidiendo que se vea bajo una cascada de agua.

"La mente es la fuerza que moldea y construye. La persona es su mente. Cada vez que utiliza la herramienta del pensamiento da con ello forma a lo que desea. Crea mil alegrías o mil males. Él piensa en secreto y su mente lo es todo, el entorno es sólo un espejo en que se refleja".

James Allen

ESTIMADO AMIGO/A LECTOR/A
Gracias desde el corazón

Recuerdo a mi admirado Fernando Jiménez del Oso

De momento, he llegado al final de este flujo de información proveniente de diferentes fuentes. Todas son avaladas por años de exploración y evidencia de los métodos empleados.

Nada hay nuevo bajo el sol.

Todos aprendemos de todos.

"Aquello que tú haces y cómo lo haces en el gabinete con tus clientes y alumnos, lo que te ayuda a ti personalmente, lo que ayuda a resolver los problemas que tus clientes te demandan, eso es lo que debes escribir en tu libro, eso y nada más que eso".

Doctor Fernando Jiménez del Oso

Nunca olvidaré estos sabios consejos que mi amigo Fernando me transmitió hace ya mucho, mucho tiempo.

Me había pedido escribir un libro para ser publicado a través de la editorial que él dirigía, América Ibérica.

Yo le manifesté mi nula experiencia en tal menester.

¿Cómo lo escribo, qué debo decir en ese libro, cuántas páginas, qué estilo debe llevar?

–Yo no sé –le dije.

Él sonrió…

–Aquello que ayuda a los demás y que tú hayas vivenciado primero, eso y nada más que eso –me contestó–. No escribas solo teoría, sobre todo escribe y comunica lo que ayuda a resolver los sufrimientos del alma humana. Escribe algo que al leerlo tú luego, no tengas que sonrojarte por lo que hayas escrito.

Me dio una palmada cariñosa, sonrió con su típica sonrisa sabia y bondadosa y nos tomamos un dulce–amargo licorcito de Amareto, que él siempre tenía disponible para los amigos.

Allí donde estés y con quien estés, Fernando, un abrazo y…

¡Gracias desde el corazón!

BIBLIOGRAFÍA

Un seminario didáctico con Milton H. Erickson,
Zeig, Amorrortu editores.
Guiones y estrategias en hipnoterapia,
Roger P. Allen, Ed. Biblioteca de psicología.
La práctica de la psicoterapia,
Alberto Fernández, Liria y Beatriz Vega. Edit. Biblioteca de psicología.
Visualización,
Francois J.Paul Cavallier. Edit. Los libros del Comienzo.
El darse cuenta,
J.Steven, Edit. Cuatro Vientos.
Hipnosis clínica y experimental,
William Kroger. Edit. Glem.
Introducción a la Programación Neurolingüística,
Joseph O´Connor y John Seymour, Edit. Urano.
Guía practica de hipnosis,
Horacio Ruiz, Edit. Nowtilus.
Autohipnosis, una puerta a vidas pasadas,
Horacio Ruiz, Edit. Corona Borealis.
Hipnosis, teoría y práctica,
Horacio Ruiz, Edit. Natural.
Tratamiento del dolor mediante hipnosis y sugestión,
Beber, J., Desclée De Brouwer, Bilbao, 2000.
Trance–Formations,
Bandler, Grinder, Real People Press, 1981.
Hipnosis clínica,
M. Yapko; Edit. Palmyra.

SOBRE EL AUTOR

Horacio Ruiz es uno de los más conocidos y respetados profesionales de la hipnosis de España. Presidente de la Asociación Española de Hipnosis Clásica y Ericksoniana y Premio Ciencia y Humanidad 2004 por su labor terapéutica en el uso de la hipnoterapia, atesora una amplia labor y experiencia en este campo.

Formado en Hipnosis Ericksoniana y Patrones de Cambio DBM por la Universidad de Valencia, lleva más tres décadas de estudio y práctica en el campo de la psicología y estados no ordinarios de la conciencia.

Este es el quinto libro escrito por el autor.

horacioruiz.es

hipnosisenterapia.com

info@horacioruiz.es

@hhipnosis

CPSIA information can be obtained at www.ICGtesting.com
Printed in the USA
LVOW04s1215231015

459482LV00034B/1998/P

9 788416 030132